AF462294

CODE
DES
CONTRIBUTIONS DIRECTES,

FAISANT SUITE A CELUI

DES SIX DERNIERS MOIS DE L'AN 6;

CONTENANT les Lois, Arrêtés et Messages du Directoire exécutif, Rapports de la commission des Finances, Lettres du Ministre des Finances et des Commissaires de la Trésorerie nationale sur les Contributions.

A l'usage des Corps administratifs; de l'Agence des Contributions directes, des Receveurs-généraux de départemens, de leurs Préposés, des Percepteurs et de tous les Fonctionnaires publics qui s'occupent de cette partie de l'Administration.

TROISIÈME RECUEIL

A PARIS;

Chez { GUFFIER jeune, Imprimeur-Libraire, rue Gît-le-Cœur, n°. 16.
RONDONNEAU, au Dépôt des Lois, place du Carrousel.

GUEFFIER, Imprimeur-Libraire, rue Gît-le-Cœur, n°. 16.

Aux Administrations centrales de département, aux Commissaire du Directoire exécutif, Agens des Contributions directes, aux Inspecteurs des Rôles et aux Receveurs des Domaines et de l'Enregistrement.

Il a déjà été imprimé, Citoyens, deux Recueils contenant les lois élémentaires, les rapports faits aux deux conseils, plusieurs messages et arrêtés du directoire exécutif, plusieurs circulaires du ministre des finances et de la trésorerie nationale, concernant les contributions directes.

Je fais paroître en ce moment un troisième Recueil faisant suite à celui des six premiers mois de l'an 6, plusieurs Corps Administratifs, Receveurs et autres fonctionnaires publics l'ont desiré.

L'accueil fait aux deux premiers Codes, et le suffrage du ministre des finances, dont la lettre est ci-jointe, me dispensent d'entrer dans aucun détail sur l'utilité de ce recueil, dans lequel se trouvent beaucoup de décisions importantes.

Le prix de ce Recueil est le même que celui des deux premiers, c'est-à-dire de 5 francs.

Veuillez me marquer le nombre d'exemplaires que vous desirerez.

N. B. On pourra toujours se procurer les premier et deuxième Recueils.

Le Ministre des Finances, au Cit. Gueffier jeune, Imprimeur, rue Gît-le-Cœur, n°. 16.

J'ai reçu, Citoyen, l'exemplaire que vous m'avez adressé de votre second Recueil des *Loix, Arrêtés, Rapports et Circulaires les plus importantes sur les Contributions directes.*

Je partage votre opinion et celle du Représentant Aubert sur l'utilité réelle de cet ouvrage et sur les différens avantages qu'il présente. Il a principalement celui de réunir et de fixer des instructions très-nécessaires aux Corps administratifs et à divers fonctionnaires publics, et en les multipliant, d'éviter des frais de réimpression qui sont trop souvent indispensables. Il est donc à desirer, Citoyen, que vous donniez suite à votre recueil, et que vous le rendiez le plus complet qu'il vous sera possible, et je crois faire un vœu pour le bien de la chose publique, en souhaitant le succès de votre entreprise.

Le Ministre des Finances,

D. V. RAMEL.

Rapport de Dubois (des Vosges), *sur les taxations des Receveurs généraux des départemens et de leurs Préposés, du 16 thermidor an 6.*

Représentans du peuple,

Les règlemens qui existent aujourd'hui sur les taxations des receveurs, ont tous été faits pendant le cours du papier-monnoie : ils changeoient alors, soit en vertu de lois, soit en vertu d'arrêtés du comité des finances presqu'aussi souvent que ce papier varioit dans sa valeur, ou que les événemens de la révolution et de la guerre exigeoient de nouvelles mesures en finances. Une législation aussi obscure n'est propre qu'à favoriser l'arbitraire et entretenir de la confusion dans l'administration de la fortune publique. Le directoire vous fit connoître ce désordre, et provoqua une loi qui détermineroit clairement les taxations des receveurs, et rappelleroit l'ordre dans cette importante administration.

La commission des finances, convaincue comme le directoire exécutif de la nécessité de la loi, se livra à ce travail, et vous présenta une première résolution.

Je ne développerai plus les motifs qui nous firent préférer les remises uniformes aux remises progressives ou décroissantes : la matière a été épuisée sur ce point. L'utilité des remises uniformes a été démontrée dans plusieurs rapports imprimés et distribués ; elle a aussi été reconnue dans les deux conseils. Je ne dois pas me livrer à des répétitions inutiles.

Je me bornerai à observer, en général, que le principe des remises étant de lier l'intérêt du receveur au succès du recouvrement des contributions, les remises doivent être combinées de manière que cet intérêt produise son effet dans tous les tems et sur les recettes de toute nature. Les remises uniformes atteignent complétement ce but. La combinaison des remises progressives ou décroissantes, outre qu'elle n'a pas le même avantage, multiplie les calculs et embarrasse la comptabilité. Les remises uniformes, au contraire, dégagent encore la comptabilité de la diversité des calculs, et se règlent, pour ainsi dire, d'elles-mêmes au fur et mesure des rentrées. Le receveur ne peut plus retarder ses comptes, ou cacher l'état de sa caisse, sous prétexte que les remises lui sont dues, et qu'elles ne sont pas arrêtées.

Aussi le conseil des anciens, en rejetant votre première résolution, approuva le principe des remises uniformes. Il ne la rejeta que parce qu'elle paroissoit introduire par ses résultats trop d'inégalité entre les receveurs et entre les préposés. Votre commission des finances, que vous chargeâtes de vous présenter une nouvelle résolution, lut avec attention les opinions émises au conseil des anciens. Cette première discussion fut très-lumineuse, et servit à faire une seconde résolution plus parfaite.

Il y a beaucoup de différence entre les départemens et les arrondissemens de recettes, sous le rapport des richesses territoriales, industrielles et commerciales, et par conséquent des contributions. La remise que nous avions proposée, quoique modérée, procuroit un salaire honnête à la plupart des receveurs et des préposés; elle donnoit néanmoins trop à quelques-uns et trop peu à d'autres: nous avions senti cet inconvénient. C'étoit pour le prévenir que nous avions fixé un *maximum* et un *minimum* des remises; mais l'on remarqua judicieusement que le *maximum* contrarioit le principe des remises. En effet, le *maximum* une fois atteint, le receveur étoit sans intérêt pour activer les recouvremens.

Afin d'assurer indistinctement à tous les receveurs et à leurs préposés le prix de leur travail et de leur responsabilité, et conserver en même-tems, pour l'activement des rentrées, et l'ordre de la comptabilité, l'avantage incontesté des remises uniformes, nous vous proposâmes, dans une seconde résolution, de donner un traitement fixe et égal à tous les receveurs ainsi qu'à leurs préposés, et de leur accorder au-delà une remise uniforme, suffisante pour provoquer constamment leur intérêt et leur zèle. La résolution les chargeoit de leurs frais de bureaux et de commis. Toute la dépense ne se portoit qu'à quatre cinquièmes d'un centime pour franc de recette. Avant et depuis la révolution, les remises des receveurs n'avoient pas été réglées avec plus d'économie ; la résolution enfin sembloit réunir à l'économie un ordre parfait dans la recette des revenus publics et l'activement des rentrées des contributions. Aussi obtint-elle l'assentiment unanime des membres qui composèrent la commission du conseil des anciens ; aussi fut-elle défendue avec autant de clarté que de force par plusieurs orateurs. La résolution ne fut pas moins rejetée.

Vous avez nommé une commission spéciale pour vous présenter un troisième projet de résolution : j'en suis dans ce moment l'organe.

Représentans du peuple, vous persévérerez dans votre volonté de rétablir l'ordre dans l'administration de la fortune publique. L'ordre ! il est devenu aussi nécessaire aujourd'hui, pour faire aimer et affermir le régime républicain, que le courage fut nécessaire pour conquérir la liberté. C'est un ordre sévère dans toutes les administrations, qui fera jouir la république d'une prospérité égale à la gloire immortelle de ses armes et de ses victoires. Un désordre négligé dans l'administration publique la mine insensiblement et en compromet l'existence. A la suite des grandes révolutions, qui déplacent et bouleversent tout, la réorganisation du corps social ne peut pas être tout-à-coup parfaite ; mais, en politique, il y a des époques précises qu'il faut prévoir et saisir pour arriver sûrement à son but. Jetons un regard rapide sur l'état intérieur de la république. Quel est le vrai patriote qui n'apperçoit pas avec inquiétude ce torrent de corruption, d'immoralité et d'intrigues, qui se forme, se grossit, et dont le cours déréglé se déborde déjà par-tout ? Il faut dès ce moment lui opposer une digue pour prévenir ses ravages. Que la loi soit continuellement appesantie sur les ennemis intérieurs, et qu'elle les frappe dès qu'ils oseront conspirer ; que l'invincible valeur de nos armées garantisse notre indépendance ; mais qu'en même tems toutes les institutions républicaines, que tous les moyens d'ordre public et de prospérité intérieure se développent avec l'énergie et la grandeur qui conviennent à la nation française ; que tout marche ensemble ! Le vœu public nous presse : tout ajournement pourroit être funeste.

Croyez sur-tout que rien n'est impossible au concert heureux de volontés, de principes et de forces, qui unit le corps législatif et le directoire exécutif.

Je reviens à l'objet particulier de mon rapport.

Les orateurs, qui ont parlé au conseil des anciens contre la seconde résolution, ont prétendu qu'elle accordoit trop aux receveurs. L'on a calculé, pour le prouver, sur les contributions des départemens les plus riches de la France. Nous ne devons pas combattre, sans doute, les opinions émises à la tribune du conseil des anciens; elles doivent être indépendantes comme les nôtres : mais, lorsqu'une résolution est rejetée, et que l'intérêt public en commande une nouvelle, il est pourtant nécessaire d'examiner les motifs du rejet.

Nous nous contenterons encore d'une observation générale sur le but et le résultat des remises.

Elles sont préférées à des traitemens fixes pour lier l'intérêt du receveur à la célérité des recouvremens. Les remises, pour remplir leur destination, doivent donc être inséparables du progrès des rentrées : ainsi le produit des remises uniformes sur une recette de quatre millions accroîtra ou décroîtra proportionnellement sur une recette plus forte ou plus foible : cela est dans la nature des choses. Cela est juste aussi et conforme à l'intérêt public; juste, car le travail, les frais de bureaux et la responsabilité des receveurs sont dans la proportion des recettes. Cela est aussi dans l'intérêt du trésor public, qui consiste dans des rentrées *également* actives et régulières. Ce qui importe, c'est que le montant de toutes les remises n'excède pas une dépense modérée et déterminée en masse. Après cela, laissons-les suivre les rentrées, et qu'elles servent à les activer *indistinctement*.

Si, au lieu de se décider d'après ces principes évidens d'utilité générale, l'on ne veut voir, comme on l'a fait, que les receveurs de quelques départemens, il est impossible d'être conséquent; il faut alors renoncer à une bonne loi sur les remises des receveurs, et, par *économie*, continuer encore les dépenses à-peu-près arbitraires et le désordre trop connu, qui existent.

Au reste, nous ne pouvons qu'applaudir aux vues d'économie de nos collègues qui ont combattu la résolution. Elles avoient aussi dirigé le conseil des cinq cents : il avoit même poussé, à cet égard, sa sollicitude, jusqu'à se ménager, par une disposition expresse, les moyens de réduire les remises pour l'an 7, si elles se trouvoient trop fortes, lorsqu'il auroit le tableau exact de leur résultat pour chaque receveur, et pour chacun de leurs préposés.

Mais, puisque nous ne pouvons plus revenir là-dessus pour l'an 6, tâchons au moins de régulariser, à compter de l'exercice prochain, les remises et la comptabilité des receveurs.

Le principal soin de votre commission a été de chercher les moyens d'une nouvelle économie compatible avec la justice et le principe des remises. Nous allons vous rendre compte des réductions auxquelles nous nous sommes arrêtés.

Il y a un préposé pour la recette de l'arrondissement du chef-lieu. Le receveur général, qui y réside, pouvoit aisément faire lui-même cette recette sans intermédiaire : mais le ministre des finances crut que, sans préposé, la recette du chef-lieu ne pourroit plus être contrôlée. Le contrôle, en effet, s'opère aujourd'hui en comparant les bordereaux des versemens faits par les préposés aux recettes dans la caisse du receveur général, avec le bordereau que celui-ci fournit au ministre et à la trésorerie. Sans préposé, ce moyen de comparaison n'existe plus pour la recette de l'arrondissement du chef-lieu. Le préposé n'a donc d'autre utilité que celle de favoriser ce contrôle. Ainsi, en en établissant un autre, c'est rendre le préposé inutile : or, nous avons trouvé un autre contrôle aussi sûr dans son résultat que facile dans son exécution : c'est d'obliger tous les percepteurs de l'arrondissement du chef-lieu de faire viser, par le commissaire du directoire, les quittances des sommes qu'ils verseront dans la caisse du receveur général. Ces quittances constateront, à tous les instans, et d'une manière infaillible, les fonds, provenans des contributions directes, qui seront rentrés dans la caisse du receveur général. Le même contrôle pourra se faire pour les contributions indirectes par la communication des registres ouverts chez les divers receveurs particuliers, pour justifier les versemens qu'ils font. Nous étendons ces nouveaux moyens de contrôle à tous les arrondissemens de recettes.

Il est impossible qu'alors l'on ne connoisse pas journellement et

Votre commission étoit très-disposée à faire de plus grandes réductions ; mais elle a dû examiner si elles étoient possibles, et si elles seroient utiles. Elle ne l'a pas pensé.

Elle n'a jamais perdu de vue dans son travail trois objets. L'un, d'assurer indistinctement à tous les receveurs et à tous leurs préposé un sort fixe : l'inégalité entre les arrondissemens de recettes rend cett disposition nécessaire. Le second, de lier l'intérêt des receveurs au succès des rentrées : c'est le but général de la remise. Le troisième, d'intéresser également les receveurs aux succès des rentrée *à toutes les époques de chaque exercice et pour les recettes d toute nature*, comme aussi d'établir, pour la recette des reven publics, une comptabilité claire et facile : c'est l'objet de l'uniformit des remises.

Nous avons maintenu dans le troisième projet la disposition qu charge les receveurs et leurs préposés des frais de leurs comm et de leurs bureaux : c'est le seul moyen d'obtenir toute l'économi dont cette partie d'administration est susceptible. On devroit peut être l'appliquer à toutes les administrations ; ce seroit aussi le moye de forcer, par l'intérêt personnel même, aux réformes qu'on réclam inutilement. Nous avons dû considérer cette dépense imposée aux receveurs et à leurs préposés. Elle est, quoi qu'on en dise, très-réelle, et peut varier, pour les receveurs, eu égard à leurs recettes, de 2,400 francs à 7,000 francs, pourvu, toutefois, qu'ils travaillent eux-mêmes, comme cela doit être, et qu'ils aient de l'ordre et de l'économie dans leurs bureaux.

La remise d'un tiers de centime pour franc aux préposés aux recette n'est pas trop forte. Nous avons motivé ce taux dans nos précéden rapports.

La remise d'un dixième de centime pour franc aux receveurs généraux ne peut pas être affoiblie davantage, ou elle deviendroit à peu-près nulle, et seroit sans utilité pour le trésor public.

Je ne retracerai plus le tableau des résultats de la remise pour le receveurs et leurs préposés ; il existe dans les rapports et dans les opinions qui ont été imprimés. La diminution dans les taxations, qui découle

coule des réductions proposées dans ce moment, est très-sensible, et sera très-aisément saisie.

L'on parle sans cesse de réformes et d'économie : cela ne suffit pas ; il faut les réaliser. L'on ne réussira qu'en commençant par établir, pour chaque exercice, un système complet de contributions, et par assurer des rentrées régulières. Sans cela, il n'y aura jamais ni ordre dans l'administration des finances, ni crédit public. Les gouvernemens, en effet, quels qu'ils soient, voudront et devront toujours pourvoir aux besoins de l'état. S'ils n'ont pas de fonds au trésor pour payer au comptant, ou à des échéances assurées ; si leur crédit éteint n'est pas relevé, ils soutiendront le service avec des fonds et un crédit étrangers, et ils seront forcés à des anticipations ou à des sacrifices désastreux, dont l'excuse se trouve dans l'impérieuse urgence des besoins publics. Faisons des économies partielles, le plus possible : nous le devons. Toute dépense inutile en administration est un vol fait à l'état. Dans les pays libres, bien organisés, les revenus publics n'ont point de dispensateurs, ils ne doivent avoir que des économes ; mais, représentans du peuple, la grande économie qui doit d'abord et sur-tout nous occuper, c'est que la république jouisse elle-même de ses richesses, et qu'elles ne soient jamais la proie des *faiseurs* d'affaires. Ces gens-là sont, dans tous les empires où l'on s'en sert, le chancre de la fortune publique : or, je le répète avec une pleine conviction, dans notre situation financière actuelle, le premier pas nécessaire vers ce grand but, c'est un système régulier de contributions, ce sont des rentrées fixes et assurées, c'est un ordre sévère dans la comptabilité des recettes publiques, c'est un contrôle tellement combiné, que les fonds qui sont dans les caisses soient toujours connus du gouvernement.

Rapport fait par Collombel (de la Meurthe), *concernant les taxations des receveurs généraux des départemens, et de leurs préposés.*

Représentans du peuple,

Vous avez renvoyé à une commission composée des représentans Bordas, Coutausse, Lemoine-Desforges, Lacoudraye et moi, la résolution du 9 du courant, relative à la taxation des receveurs généraux des départemens et de leurs préposés. Cette résolution est prise dans la forme d'urgence. Les motifs qui lui servent de base sont exprimés en ces termes :

« Le conseil des cinq-cents, après avoir entendu le rapport d'une » commission spéciale ;

» Considérant que les diverses lois rendues sur les remises des rece- » veurs, pendant le cours du papier monnoie, sont aujourd'hui d'une » application embarrassante et incertaine ; que les receveurs généraux » des départemens et leurs préposés ne jouissent que provisoirement » de leurs taxations actuelles ; que tout ce qui a pour objet d'établir » de l'ordre et de la régularité dans l'administration de la fortune pu- » blique, exige une prompte détermination ;

» Déclare qu'il y a urgence. »

Votre commission vous propose de reconnoître et d'adopter l'urgence, dont le préambule seul de la résolution établit la nécessité.

Citoyens représentans, rien n'est plus urgent que d'arracher l'administration des recettes publiques à cet état d'arbitraire et de confusion où elle est dans ce moment.

Depuis trois ans les receveurs généraux sont en exercice ; et, jusqu'à présent, aucune loi n'a réglé, ni leurs taxations, ni leur comptabilité. L'on n'opposera pas, sans doute, comme une législation, celle qui s'est faite pour les receveurs de district pendant le cours du papier-monnoie. Elle a tellement varié, elle est devenue tellement obscure, qu'il n'a pas été possible encore d'arrêter les comptes de ces anciens receveurs. Je me bornerai à cette réflexion générale, pour prouver l'urgence absolue d'une loi définitive.

La résolution soumise à votre discussion, citoyens représentans, supprime les préposés à la recette des arrondissemens des chefs-lieux. Plus on peut simplifier les rouages de la machine, mieux vaut : l'administration la plus simple sera toujours la meilleure; c'est la seule qui puisse être utile à l'état, parce que c'est la seule dans laquelle on puisse établir l'ordre.

La combinaison d'un traitement fixe, et d'une remise uniforme sur toutes les recettes, a paru à votre commission présenter les bases du système le mieux entendu. En effet, le traitement fixe rapproche de l'égalité tous les receveurs et leurs préposés, malgré la variété de leurs recettes respectives. D'un autre côté, les remises uniformes graduent les taxations en raison des recettes. Ces deux bases combinées produisent, dans leur résultat, pour les receveurs et leurs préposés, un salaire suffisant pour tous, et en même tems proportionné à leur travail et à leur responsabilité. Elles établissent aussi une comptabilité extrêmement claire et facile; elles lient l'intérêt du receveur à l'activité de toutes les rentrées *indistinctement*. Elles dégagent enfin l'importante administration des revenus publics de la diversité des remises sur chaque nature de recettes, de la division des receveurs en différentes classes, fruit de toutes les belles théories financières, qui n'ont guères servi jusqu'à ce moment qu'à obscurcir la législation, qu'à enrichir les receveurs, et à embrouiller leur comptabilité.

Représentans, la résolution établit un contrôle pour constater l'état des caisses publiques. C'est une précaution salutaire et infaillible contre l'agiotage, et certes, il sera difficile de l'éluder. En effet, ni les percepteurs, ni les préposés aux recettes, n'exposeront pas à la nullité prononcée par la loi les quittances des fonds qu'ils auront versés dans les caisses. Leur intérêt personnel garantit ici l'exécution de la loi. Les récépissés donnés par les receveurs étant adressés au gouvernement, lui feront connoître journellement l'état de leurs caisses. Les quittances et les *visa* pourront être imprimés à l'avance, sur des modèles uniformes, que le ministre des finances enverra; il ne restera à porter sur les quittances que leur montant, leur date et les signatures. Ces formalités seront remplies sur papier libre, sans frais et sans embarras.

La résolution paroît donc réunir toutes les dispositions propres à former une bonne loi, sur une partie d'administration, dans laquelle l'intérêt public a trop souvent échoué contre l'intérêt personnel.

On objectera peut-être, citoyens représentans, que par la suppression des préposés aux recettes dans les chefs-lieux, cent fonctionnaires publics vont se trouver sans emploi; mais si l'on cédoit aux considérations personnelles, il faudroit renoncer à toute réforme, et vous savez que c'est dans les réformes sagement appliquées que la République peut trouver seulement les ressources nécessaires pour balancer la recette avec la dépense. L'intérêt public commande donc toute suppression: je vais le prouver.

La constitution n'a établi qu'un receveur par département; mais à peine les receveurs furent-ils en exercice, qu'on reconnut qu'un seul par département ne suffisoit pas pour le service. Il auroit fallu, en effet, s'il n'y avoit eu qu'une seule caisse au chef-lieu du département, que les percepteurs des contributions directes et indirectes vinssent y verser le produit de leurs recouvremens. On sait que beaucoup de communes sont éloignées du chef-lieu de dix, douze, et même quinze lieues. Les percepteurs auroient donc été absens, pour chaque versement, pendant quatre ou cinq jours; et comme les versemens sont fréquens, ils auroient toujours été en voyage. Combien ce systême eût été ruineux pour la République...... ! car il n'auroit pas été juste qu'ils voyageassent à leurs frais. On les eût encore exposés à être volés sur les routes, parce que leurs versemens étant périodiques, on auroit toujours sçu quand ils les effectueroient.

Ces considérations étoient puissantes; ce furent elles qui déterminèrent l'arrêté du directoire exécutif, du 10 pluviose an 4. Les receveurs généraux étoient autorisés, par cet arrêté, à établir une caisse intermédiaire entr'eux et les percepteurs.

Mais les mêmes considérations n'existoient pas pour la recette de l'arrondissement du chef-lieu. Les percepteurs de cet arrondissement, faisant leurs versemens au chef-lieu où réside le receveur général lui-même, pouvoient verser leurs fonds dans sa caisse comme dans celle d'un préposé. A quoi eût pu servir une caisse intermédiaire? elle n'eût pu avoir d'autre objet que celui de procurer des places à des hommes inutiles sous tous les rapports.

Aussi, l'arrêté du directoire exécutif, que je viens de citer, porte, article 4, « que le receveur du département fera, sans *aucun inter-» médiaire*, la recette de l'arrondissement du chef-lieu du départe-» ment. »

La loi du 22 brumaire, qui consacre l'existence des préposés aux recettes, ne porte pas, non plus, qu'il y aura un préposé pour la recette de l'arrondissement du chef-lieu.

Le seul motif qui a fait tolérer jusqu'à présent les préposés à cette recette, a été de procurer au gouvernement des moyens pour le contrôler; mais on substitue à ces moyens un autre contrôle aussi facile dans l'exécution, et beaucoup plus sûr dans ses résultats; dès-lors, la suppression des préposés à la recette des arrondissemens de chefs-lieux est utile et nécessaire.

Mais, dira-t-on, le receveur général ne pourra pas suffire à tant de travail. Cette assertion est-elle sérieuse?.... Il prendra, s'il le faut, un ou deux commis de plus: il pourra les payer, puisqu'il jouira, pour la recette de l'arrondissement du chef-lieu, d'une remise égale à celle de ses préposés.

D'ailleurs, dans la plupart des départemens, ce sont les receveurs généraux qui, aujourd'hui, font eux-mêmes les recettes des arrondissemens de chefs-lieux. Les préposés à ces recettes sont leurs enfans ou d'autres prêtes-noms, auxquels, pour prix de leur complaisance, l'on donne une somme secrètement convenue. Les receveurs généraux perçoivent donc sur la recette de l'arrondissement du chef-lieu, *et sous un nom emprunté*, la remise allouée aux préposés; ils perçoivent en outre, sur la même recette, la remise accordée au receveur général. Ces arrangemens, je n'en doute pas, conviennent aux receveurs; mais le corps législatif ne cédera qu'à l'intérêt public.

A Paris, c'est encore pis: les douze préposés aux recettes sont en même-temps percepteurs; comme percepteurs, ils lèvent les contributions, et comme préposés à la recette, ils les versent dans la caisse du receveur général. Est-ce que le percepteur a besoin du préposé, *qui est la même personne*, pour verser le produit de ses recouvremens dans la caisse du receveur? Voilà, représentans du peuple, des dépenses dont l'inutilité absolue est réelle et évidente.

Le traitement fixe, et les remises graduées en raison du montant des recouvremens, présentent le système le plus sage et le plus raisonnable. Il y a des départemens où la recette est ou plus forte ou plus foible ; mais si, dans les premiers, les frais de bureau augmentent, le produit des remises accroît proportionnellement ; comme si, dans les seconds, les frais de bureau sont plus foibles, le produit des remises décroît de même : ainsi, tout se compense naturellement en plus ou en moins, par l'effet seul des remises, de manière, cependant, qu'il reste à chacun des receveurs un traitement très-honnête. Mais, citoyens représentans, vous ne pouvez vous en dispenser ; car, indépendamment des frais de bureau qui restent à la charge des receveurs, il ne faut pas perdre de vue que les biens affectés à leur cautionnement, ne peuvent pas être hypothéqués ni aliénés, et que la plupart ont été forcés à faire quelques sacrifices pour s'en procurer, et si vous ne les indemnisiez pas, au moins en partie, les grands propriétaires pourroient seuls désormais être receveurs généraux ; car vous ne laisserez jamais la fortune publique entre les mains des receveurs, sans exiger une garantie.

La manutention et le dépôt de fortes sommes entraînent encore une grande responsabilité, et il seroit, aussi, dangereux de laisser éprouver des besoins aux dépositaires des fonds publics. Ainsi, votre commission a trouvé que la résolution est aussi éloignée d'une largesse prodigue, que d'une lésinerie injuste et dangereuse.

L'état des choses actuelles est celui de l'arbitraire et du désordre dans la comptabilité des revenus publics ; la résolution remédie à tous les maux. L'intérêt public réclame une loi sur cette matière depuis trop long-tems ; il existe une différence de plus de six cents mille francs, annuellement, au profit du trésor public, entre la résolution actuelle et la précédente que vous avez rejetée : votre commission me charge, à l'unanimité, de vous proposer de l'adopter.

Loi sur les taxations des receveurs généraux des départemens et de leurs préposés.

Le conseil des anciens, adoptant les motifs de la déclaration d'urgence qui précède la résolution ci-après, approuve l'acte d'urgence.

Suit la teneur de la déclaration d'urgence et de la Résolution du 9 Fructidor :

Le conseil des cinq-cents, après avoir entendu le rapport d'une commission spéciale ;

Considérant que les diverses lois rendues sur les remises des receveurs pendant le cours du papier-monnoie, sont aujourd'hui d'une application embarrassante et incertaine; que les receveurs généraux des départemens et leur préposés ne jouissent que provisoirement de leurs taxations actuelles; que tout ce qui a pour objet d'établir de l'ordre et de la régularité dans l'administration de la fortune publique, exige une prompte détermination,

Déclare qu'il y a urgence, et prend la résolution suivante :

Art Ier. Les préposés aux recettes établis dans les chefs-lieux de département sont supprimés, et cesseront leurs fonctions le premier vendémiaire de l'an 7.

II. A compter de la même époque, les receveurs généraux feront, sans l'intermédiaire d'aucun préposé, la recette de l'arrondissement du chef-lieu du département.

Ils se conformeront, pour cette recette, aux lois relatives à leurs préposés.

III. Les receveurs généraux et préposés recevront pour leurs taxations, à compter aussi de la même époque, un traitement fixe, et de plus une remise sur leurs recettes respectives.

IV. Le traitement fixe des receveurs généraux sera de 6,000 francs.

V. Leurs remises seront d'un tiers de centime pour franc de toutes les recettes de l'arrondissement du chef-lieu qui auront été effectuées dans leurs caisses.

Néanmoins les remises du receveur général du département de la Seine, ne seront que d'un cinquième de centime pour franc des recettes de la commune de Paris.

Le produit des contributions indirectes de la même commune continuera à être versé immédiatement à la trésorerie nationale.

VI. Les remises des receveurs généraux seront d'un dixième de centime pour franc des recettes qui auront été versées dans leurs caisses par leurs préposés.

VII. Le traitement fixe des préposés aux recettes sera de 2,400 francs.

VIII. Leurs remises seront d'un tiers de centime pour franc des recettes de toute nature qui auront aussi été effectuées dans leurs caisses.

IX. Sont exceptés de la recette affectée aux remises des receveurs généraux et de leurs préposés, 1°. celle des inscriptions, bons de remboursement, ou autres effets de la dette publique, donnés en paiement des domaines nationaux; 2°. le montant des décharges et réductions; 3°. celui des cotes nationales.

X. Les receveurs généraux et leurs préposés paieront, sur leurs taxations, les appointemens de leurs commis et les frais de leurs bureaux.

XI. Les commissaires de la trésorerie nationale arrêteront, tous les mois, l'état détaillé des remises des receveurs généraux et de leurs préposés, sur la recette effectuée dans leurs caisses respectives pendant le mois précédent.

Cet état sera remis au ministre des finances.

XII. Les receveurs généraux et leurs préposés ne pourront, à peine de concussion, faire sur leurs recettes, pour leurs remises, d'autre retenue que celle autorisée par la présente loi, successivement et dans la proportion des recettes effectuées.

Ils ne pourront également, sous la même peine, retenir chaque mois que le douzième de leur traitement fixe.

XIII. L'inspecteur des contributions directes vérifiera, chez le receveur général, la caisse des recettes de l'arrondissement du chef-lieu, d'après les règles expliquées dans la loi du 22 brumaire dernier, et dans

dans l'instruction qui y est annexée, ainsi que d'après les dispositions suivantes.

XIV. Lorsque les percepteurs des contributions directes effectueront des versemens dans la caisse du receveur ou de ses préposés, ils seront tenus de faire viser, dans les vingt-quatre heures, les récépissés qu'ils en auront reçus, par le commissaire du Directoire exécutif près l'administration municipale de la résidence du receveur ou du préposé.

XV. Les préposés aux recettes feront aussi viser, dans le délai de cinq jours, par le commissaire près l'administration municipale de leur résidence, les recépissés des sommes qu'ils verseront dans la caisse du receveur général.

XVI. Les commissaires du Directoire enregistreront, par ordre de date et par extrait, les récépissés présentés à leur *visa*.

Ils tiendront, à cet effet, un registre qui contiendra des comptes ouverts avec le préposé aux recettes et avec les percepteurs de son arrondissement.

XVII. Dans les grandes communes divisées en arrondissemens, le *visa* et l'enregistrement des récépissés se feront par le commissaire du Directoire près le Bureau central.

XVIII. En cas d'absence ou d'empêchement du commissaire du Directoire, le *visa* et l'enregistrement seront faits par celui qui le remplacera dans ses fonctions.

XIX. Les formalités prescrites par les articles précédens seront remplies sur papier libre et sans frais.

XX. Tous récépissés non visés ne pourront servir, dans aucuns cas, de décharge aux percepteurs ni aux préposés aux recettes.

XXI. Les percepteurs et les préposés aux recettes qui auront négligé de faire viser leurs récépissés, seront en outre privés de leurs remises sur le montant des récépissés non visés.

XXII. Les commissaires du Directoire près les administrations municipales du chef-lieu des arrondissemens de recettes, adresseront, le premier de chaque décade, au commissaire du Directoire près l'administration centrale, le bordereau des sommes portées sur les récépissés qu'ils auront visés pendant la décade précédente : le bordereau énoncera la date des récépissés.

XXIII. Le commissaire près l'administration centrale formera un bordereau général de ces bordereaux particuliers.

Il y portera, sur une colonne séparée, la date et le montant des récépissés des préposés aux recettes.

Il remettra ce bordereau général à l'inspecteur des contributions directes.

Il en adressera aussi une copie, le premier de chaque décade, au ministre des finances et à la trésorerie nationale.

Il tiendra un registre sommaire des bordereaux qu'il aura formés en exécution du présent article.

XXIV. Les bordereaux des préposés aux recettes rappelleront sommairement les versemens qui auront été faits dans leurs caisses, et ils seront certifiés par le président de l'administration municipale de leur résidence, après avoir été vérifiés sur le registre tenu par le commissaire du Directoire exécutif.

XXV. Les bordereaux des receveurs généraux rappelleront de même sommairement les versemens qui auront été faits dans leurs caisses, et ils seront aussi certifiés par l'administration centrale, après avoir été vérifiés sur le registre tenu par le commissaire près ladite administration.

XXVI. Tous receveurs de contributions indirectes, qui versent le produit de leurs recettes dans les caisses des receveurs généraux ou de leurs préposés, seront aussi tenus de communiquer à l'inspecteur des contributions directes, sur sa demande, leurs registres constatant les versemens qu'ils auront faits.

XXVII. Le Directoire exécutif présentera au Corps législatif, dans le courant de vendémiaire de l'an 8, l'état détaillé du montant des remises de chaque receveur général et de chacun de ses préposés, pendant l'an 7.

XXVIII. Toutes les lois antérieures contraires à la présente, sont rapportées.

XXIX. La présente résolution sera imprimée.

Signé DAUNOU *président*, GENISSIEUX, L. BONAPARTE, THIESSÉ, *secrétaires.*

Après une seconde lecture, le conseil des Anciens APPROUVE la résolution ci-dessus. Le 17 Fructidor, an VI de la République française.

Signé P. A. LALOY, *président;* GARAT, BEERENBROEK, DUFFAU, *secrétaires.*

Le 22 vendemiaire an 7.

Le Ministre des Finances, aux Administrations centrales des Départemens.

La loi du 17 fructidor dernier, citoyens, vient de régler définitivement les taxations des receveurs généraux des départemens et de leurs préposés.

Conformément aux articles I et II, vous voudrez bien faire connoître au receveur de votre département, qu'il doit supprimer, à compter du Ier. vendemiaire an 7, le préposé qu'il avoit pour la recette de l'arrondissement du chef-lieu; qu'il est chargé, à l'avenir, de faire lui-même cette recette; mais qu'en cette qualité de préposé du chef-lieu, il doit se conformer, ainsi que les autres préposés, aux dispositions de la loi du 22 brumaire an 6, qui a établi l'agence des contributions directes, et à l'instruction y annexée.

Ainsi, le receveur général aura, pour la recette de son arrondissement, une caisse particulière et des registres distincts : cette caisse sera vérifiée par l'inspecteur des contributions; il adressera enfin, toutes les décades, ses bordereaux de recouvremens au commissaire du directoire exécutif, agent général des contributions.

Les remises du receveur pour sa recette générale, les remises du même receveur pour sa recette particulière de l'arrondissement chef-lieu, et enfin celle des autres préposés, sont réglées, par les articles III et suivans de la loi, d'une manière claire et précise; c'est la trésorerie nationale qui est chargée de les arrêter, et qui donnera en conséquence aux receveurs toutes les instructions nécessaires. Vous observerez seulement que le receveur général ayant un traitement fixe de 6,000 francs, ne doit pas jouir du traitement fixe de 2,400 francs accordé aux préposés.

Je dois fixer votre attention sur l'article XII, qui porte que les receveurs et les préposés retiendront, 1°. tous les mois un douzième de leur traitement fixe, c'est-à-dire, 500 francs pour le receveur général, et 200 francs pour le préposé; 2°. leurs taxations sur les contributions directes, dans la proportion de leurs recettes successivement effectuées; 3°. leurs taxations sur les contributions indirectes et autres recettes, lesquelles doivent être prises sur le produit même de ces recettes. Cette disposition rentre dans celles de la loi du 15 frimaire an 6, sur les dépenses départementales, et dans l'arrêté du directoire exécutif du 23 fructidor dernier.

Les articles XIV et suivans établissent un nouveau mode pour assurer l'exactitude des versemens des percepteurs aux préposés, et des préposés au receveur général, et pour prévenir toute stagnation de fonds dans les différentes caisses. Je joins ici un exemplaire de la lettre instructive que j'adresse sur cette partie de la loi au commissaire du directoire exécutif agent général des contributions; elle explique suffisamment ce que vous avez à faire, ainsi que les administrations municipales; je n'entrerai pas ici dans d'autres détails. Veuillez bien donner toutes les instructions aux municipalités, et faire connoître sur-tout à tous les percepteurs la nouvelle obligation que la loi leur impose, et les peines portées par les articles XX et XXI contre ceux qui ne s'y conformeroient pas avec la plus grande exactitude.

Le 22 vendemiaire an 7.

Le Ministre des Finances, aux Commissaires du Directoire exécutif agens généraux des contributions directes.

Je vous envoie, citoyen, un exemplaire de la lettre que j'écris à l'administration centrale de votre département, relativement à la loi du 17 fructidor dernier, concernant les taxations des receveurs généraux des départemens et de leurs préposés. Je vais, dans celle-ci, vous tracer ce que vous aurez à faire, ainsi que l'inspecteur et les commissaires agens particuliers, pour l'exécution de la partie de cette loi qui concerne l'agence des contributions.

§. Ier.

Suppression du préposé de l'arrondissement du chef lieu du département.

L'administration centrale doit faire exécuter cette suppression. Le receveur général est donc actuellement préposé du premier arrondissement. Vous aurez soin, dès-lors, d'entrer en correspondance avec lui, de lui faire passer les mêmes instructions qu'aux autres préposés, et de lui marquer de vous adresser, comme le faisoit le précédent préposé, au commencement de chaque décade, les six bordereaux des recettes faites pendant la décade précédente. Vous lui recommanderez, à cet égard, la plus grande exactitude, pour que rien ne dérange l'envoi des six bordereaux que vous me faites toutes les décades.

Vous ferez ensuite connoître à l'inspecteur qu'il doit désormais vérifier la caisse particulière d'arrondissement que le receveur tient en sa qualité de préposé, et qu'il doit, à ce titre, exercer sur lui la même inspection que sur les préposés des autres arrondissemens.

§ II.

Visa des récépissés donnés par les préposés aux percepteurs.

Une nouvelle obligation, citoyen, est imposée, par la loi du 17 fructidor an 6, à ceux des commissaires agens particuliers qui résident dans les communes chefs-lieux des divers arrondissemens de votre département.

Chaque fois que le percepteur d'une commune apporte les fonds de sa recette au préposé, celui-ci lui donne un reçu ou récépissé : le percepteur doit, art. 14, porter ce récépissé chez le commissaire agent particulier; celui-ci met au bas :

Visé par moi, commissaire du directoire exécutif agent particulier des contributions, le présent récépissé, montant à la somme de savoir, en numéraire en ordonnances de décharge en certificats de cotes nationales etc.

A ce

Ce même commissaire agent particulier doit, art. XVI, avoir un registre divisé en six colonnes destinées à recevoir : la première, le nom du canton; la seconde, celui de la commune; la troisième, le nom du percepteur; la quatrième, le montant des récépissés; la cinquième, la nature des valeurs données; la sixième, la date du récépissé.

C'est au moyen de ce registre que l'on sera à portée de surveiller le préposé. En effet, celui-ci doit, avant de vous adresser ses six bordereaux décadaires, les présenter à l'administration municipale du lieu de sa résidence. Cette administration se fait représenter le registre des récépissés, compare le montant des recettes énoncées par ce préposé ; et s'ils sont conformes, elle met, art. XXIV, au bas de chaque bordereau le certificat ci après.

Nous soussignés, certifions que le montant des recettes énoncées dans le présent bordereau, est égal au montant des récépissés visés par le commissaire du directoire exécutif agent particulier des contributions directes. A ce

Les membres de l'administration municipale d

Vous aurez soin, citoyen, de n'admettre aucun bordereau qui ne soit revêtu de cette attestation.

Les mêmes commissaires agens particuliers doivent, art. XXII, vous envoyer un relevé des récépissés qu'ils ont visés et portés sur leurs registres. Ce relevé contiendra, 1°. l'indication du nombre des récépissés, 2°. le montant de ces récépissés avec la distinction des valeurs, et 3°. leurs dates.

Au moyen de ces bordereaux, vous serez à même de vous assurer si les recettes portées dans les états de recouvrement que vous adressent les préposés, cadrent avec les récépissés qu'ils ont donnés aux percepteurs ; ainsi ce sera un double contrôle avec celui déjà exercé par l'administration municipale.

Vous voudrez donc bien ajouter à chacun des états décadaires que vous m'adressez, le certificat suivant :

Je soussigné, certifie que les recettes énoncées par chacun des préposés, sont conformes aux récépissés visés par les commissaires agens particuliers de leurs arrondissemens respectifs.

A ce

§. III.

Visa des récépissés donnés par le receveur général aux préposés.

Lorsqu'un préposé porte ou envoie sa recette au receveur général, aussitôt que celui-ci lui en a donné le récépissé, le préposé doit porter ce récépissé chez le même commissaire agent particulier de la municipalité où lui préposé réside, et ce commissaire doit y mettre son visa, art. XV.

Quoique la loi semble n'exiger qu'un seul registre pour tous les récépissés, tant ceux donnés par les préposés aux percepteurs que ceux donnés par le receveur général aux préposés, vous sentez, citoyen, que cette confusion de deux espèces de récépissés absolument différentes, rendroit toute surveillance impossible. Il est donc dans l'esprit de la loi, que le commissaire agent particulier tienne un second registre des récépissés donnés par le receveur général au préposé : ce registre sera divisé en trois colonnes qui présenteront, la première, le montant des récépissés; la seconde, la distinction des diverses valeurs; et la troisième, leurs dates.

Chacun des commissaires agens particuliers placés dans les chefs-lieux d'arrondissemens, vous adressera un bordereau de ces récépissés.

Le receveur m'adresse tous les dix jours un état des versemens que lui ont faits les préposés; à l'avenir il devra, avant de me l'envoyer, présenter cet état à l'administration centrale. Vous remettrez, de votre côté, aux administrateurs le bordereau des récépissés; et les administrateurs, après les avoir comparés, mettront au bas le certificat ci-après.

Nous soussignés, certifions que les recettes énoncées au présent bordereau, sont conformes aux récépissés visés par les commissaires agens particuliers des arrondissemens respectifs. A
ce

Enfin, je joins ici le modèle de l'état général des récépissés que vous devez m'envoyer conformément à l'article XXIII de la loi.

…artement | Relevé des récépissés donnés par les préposés aux percepteurs. | Relevé des récépissés donnés par le receveur général aux préposés. | année mois de décade.

…ondissem.	MONTANT DES RÉCÉPISSÉS.		DATES des RÉCÉPISSÉS.	Arrondissem.	MONTANT DES RÉCÉPISSÉS.		DATES des RÉCÉPISSÉS.
	En valeurs diverses.	En numéraire.			En valeurs diverses.	En numéraire.	

Le 28 fructidor an 6.

Les Commissaires de la trésorerie nationale, aux Receveurs des départemens.

Vous avez ci-dessus, citoyen, copie de la loi du 17 fructidor présent mois, concernant vos taxations et celles de vos préposés.

Nous ne doutons pas que vous ne vous conformiez comme eux, avec exactitude, aux dispositions qu'elle contient; mais, comme elle ne doit avoir son exécution qu'à compter du 1er. vendémiaire prochain, il est indispensable d'établir une ligne de démarcation entre les recettes que vous aurez faites jusqu'à cette époque, tant sur l'exercice de l'an 5 et antérieurs, que sur celui de l'an 6, et celles que vous ferez postérieurement. C'est pourquoi nous vous invitons, ainsi que vos préposés, à faire arrêter les registres de ces exercices le dernier jour complémentaire. Les vôtres devront l'être par l'administration centrale de votre département; et ceux de vos préposés par les administrations municipales du chef-lieu de leurs arrondissemens respectifs.

Demandez à chacun d'eux de dresser un état exact des taxations qui leur appartiennent sur toutes les recettes faites depuis le 1er. vendémiaire de l'an 5, jusqu'au 1er. vendémiaire de l'an 7, sur l'exercice de l'an 5 et antérieurs; un autre sur celles faites depuis le 1er. vendémiaire de l'an 6, jusqu'à la même époque de l'an 7, sur l'exercice de l'an 6, calculées d'après les différentes loix qui les ont fixées, et conformément à l'arrêté du directoire exécutif du 10 pluviôse an 4, et de vous les faire passer sans délai. Lorsqu'ils vous seront tous parvenus, et après que vous les aurez vérifiés, vous en ferez un relevé général pour chaque exercice, qui les comprendra tous, et dans lequel ces taxations sur chaque nature de recouvrement seront distinguées et portées dans des colonnes particulières; vous nous les adresserez ensuite, et vous y joindrez en même-temps ceux de vos taxations personnelles, calculées d'après les mêmes bases que nous venons de vous indiquer.

Accusez-

Accusez-nous la réception de la présente, dont nous vous envoyons assez d'exemplaires pour que vous puissiez en distribuer à vos préposés.

Rapport fait par Aubert, *sur les décharges et réductions à accorder sur les contributions directes des années 5 et 6, du 17 fructidor an 6.*

Citoyens représentans,

Dans votre séance du 13 thermidor dernier, je vous ai fait, au nom de vos commissions des finances et des contributions directes, réunies, un rapport sur les décharges et réductions à accorder sur les contributions directes des années 5 et 6; vous en avez ordonné l'impression, en ajournant la discussion du projet de résolution dont il étoit suivi, après sa distribution. Il vous a été distribué, et son objet est tellement important, que déjà il a fixé l'attention de beaucoup de nos collègues, qui ont apporté à vos commissions le desir de l'utiliser autant qu'il est possible, et des observations qui ont donné lieu à quelques changemens dans sa première rédaction.

L'article premier exigeoit du contribuable réclamant la déclaration détaillée de tous les articles de sa propriété; il a été proposé de ne l'exiger que pour les objets qui donnoient lieu à réclamation: aujourd'hui l'article premier est rédigé conformément à cette observation.

L'article II bornoit la somme accordée en dégrévement à chaque département au vingtième de la somme seulement recouvrée; il a été représenté que ce seroit favoriser les départemens qui avoient le moins à se plaindre de leur contingent, ou plus de moyens d'acquitter leurs contributions, et par conséquent perpétuer les vices et les inégalités des premières répartitions; en conséquence on a demandé que le dégrévement portât sur la totalité du contingent de chaque département: cette proposition a été accueillie, et je vous propose, par l'article II, d'accorder à chaque département le vingtième de son contingent dans la contribution foncière des années 5 et 6, en principal et centimes additionnels.

L'article III exigeoit du contribuable contre sa contribution personnelle, mobilière et somptuaire des années 5 et 6, une déclaration plus étendue que celle ordonnée par l'article II de la loi du 14 thermidor an 5, et pouvoit donner lieu à des contestations interminables : afin de les prévenir, l'article 3 aujourd'hui ne demande que la déclaration ordonnée par le même article II ; mais le réclamant sera tenu d'acquitter provisoirement non-seulement le tiers de sa contribution personnelle et mobilière, mais encore la totalité de sa quote somptuaire.

L'article IV ne modéroit au quarantième que les revenus mobiliers viagers ; il a été demandé que cette exception fût étendue aux rentiers sur l'état, soit perpétuels, soit viagers : vous partagerez certainement l'opinion de vos commissions sur cet acte de justice en adoptant l'article IV ainsi amendé.

L'article V a été changé d'après les mêmes principes que l'article II, et le dégrévement accordé aux départemens sera déterminé par le contingent de leur contribution personnelle, mobilière et somptuaire en principal et centimes additionnels.

Aucun article de la résolution n'indiquoit dans quelle proportion pourroit être dégrévée la quote personnelle en cas de surcharge reconnue, le projet que je vais soumettre à votre discussion répare cette omission et autorise son dégrévement dans la proportion établie par l'article XVIII de la loi du 14 thermidor. Enfin la nouvelle rédaction a rendu inutiles les articles VIII et XVI, par conséquent supprimés, et remplacés par un nouveau, qui assure aux contribuables de bonne volonté qui auroient acquitté une contribution excédante les bases indiquées par le nouveau projet, la restitution des sommes qu'ils justifieront avoir payées de trop.

Tels sont, citoyens représentans, les changemens proposés à vos commissions des finances et des contributions directes, et qu'elles ont adoptés comme devant assurer le succès de la résolution que je vous présente aujourd'hui en leur nom.

Rien de plus instant que de calmer l'inquiétude des contribuables, et d'indiquer aux municipalités et aux administrations centrales les base qu'elles doivent suivre en prononçant sur le nombre effrayant des réclamations qui leur sont faites contre les contributions directes des années 5 et 6, et de rendre au recouvrement l'activité dont il peut être susceptible.

Un cri général se fait entendre contre la contribution personnelle, mobilière et somptuaire, mais sur-tout dans les grandes communes, et particulièrement à Paris ; le bruit en a retenti jusqu'à cette tribune, et notre collègue Darracq a justement provoqué la discussion de la résolution qui peut le faire cesser.

Ce n'est qu'en messidor an 6, qu'a pu être mis en recouvrement, dans la commune de Paris, le rôle de la contribution personnelle, mobilière et somptuaire des années 5 et 6. On y compte 183 mille articles, et bientôt, je ne crains pas de vous le dire, on y comptera 183 mille réclamans. Vous n'en serez pas étonnés, citoyens représentans, quand vous saurez que la contribution personnelle, mobilière et somptuaire de cette commune s'élève, pour l'an 5, en principal et centimes additionnels, à 9,145,450 fr., c'est-à-dire, au neuvième de la contribution totale des 98 départemens, et porte à 51 francs 72 centimes par tête d'individu contribuable la contribution moyenne de chacun d'eux : aussi y voit-on des quotes de 6, 7, 8, 12 et 19,670 francs. Ajoutez à une surcharge aussi considérable l'émission tardive du rôle et l'inconvénient majeur de demander en thermidor an 6, le paiement de la contribution de l'an 5 et de l'an 6. Ceux qui ont cru pouvoir ajourner ainsi jusqu'en thermidor an 5, la discussion de la résolution qui devoit fixer les contributions de cette même année, se sont-ils donc persuadés que les contributions s'arrérageoient, et qu'il étoit politique et juste de demander tout-à-la-fois le paiement de deux années, parce qu'on a été une année sans rien payer?

Quel est le contribuable le plus aisé qui porte la prévoyance jusqu'à mettre de côté une contribution qui n'est pas décrétée, et combien, en fructidor an 6, sont hors d'état d'acquitter celle qu'ils auroient pu supporter en l'an 5, et à laquelle la loi du 14 thermidor veut qu'ils soient imposés, puisque les rôles de l'an 5 deviennent ceux de l'an 6 !

De-là aussi la difficulté du recouvrement dans la commune de Paris, sans qu'on puisse inculper la surveillance de l'administration centrale, ni le zèle infatigable de la commission des contributions

D 2

directes, toujours à son poste du matin au soir ; mais l'affluence de réclamans est telle, qu'il a fallu construire des barrières, appeler l force armée pour maintenir le bon ordre : l'époque prochaine d paiement du terme des loyers, et par conséquent des déménagemen y rend plus nécessaire que par-tout ailleurs une loi qui calme l'inquie tude des contribuables, et fasse cesser l'inquiétude des autorit constituées sur le mode qu'elles doivent suivre dans l'examen de réclamations.

N'accusez pas non plus, citoyens représentans, la bonne volont des habitans de cette grande commune, ni le courage des percepteur il faut le dire, la faute en est à la seule loi du 14 thermidor an 5 aussi ne trouverez-vous dans vos commissions des finances et des con tributions directes réunies, aucun membre qui ait pris part à sa r daction, et, parmi vous, aucun qui croye pouvoir la défendre.

C'est inutilement qu'on entretient à Paris, dans une activité ru neuse, 200 garnisaires à 3 francs par jour, 12 porteurs de contraint 4 huissiers et leurs recors : trop souvent les poursuites n'aboutisse qu'à ruiner le contribuable et à salarier cette armée de vampires sans profit pour le trésor public.

Une quote imposante de 6 et 10 mille francs a plus d'une fo conduit l'huissier et son escorte dans une maison où il n'a trouv qu'un mauvais grabat, au lieu du riche mobilier, du luxe et d faste qui y régnoit en l'an 5 ; et si, usant de toute la rigueur de s mission, il s'empare de tout au nom de la nation, quand il a pré levé ses salaires et ses frais, il ne lui reste plus, pour verser a trésor public, que les larmes d'une famille éplorée, dont il vien de consommer la ruine et d'afficher la misère. Plus rapproché qu'aucu de mes collègues des contribuables du département de la seine par mes longues relations avec eux, c'est à moi à vous faire connoîtr franchement et loyalement leur détresse et leur ressource. Mais te est, citoyens représentans, le tableau vrai de ce qui se passe à Paris et peut-être dans toutes les grandes communes de la république

Rapport fait par Ledanois, *député de l'Eure, relativement aux décharges et réductions sur la contribution personnelle, mobilière et somptuaire des années 5 et 6, du 7 vendémiaire an 7.*

Citoyens représentans,

De toutes parts, et principalement de cette immense commune, de nombreuses réclamations s'élèvent contre la répartition de la contribution personnelle, mobilière et somptuaire, la plupart sont évidemment fondées.

Ces réclamations ont pénétré dans l'enceinte du conseil des cinq-cents; elles ont porté nos collègues en ce conseil à diviser le projet qui leur étoit présenté, de statuer par une même résolution sur le mode et les moyens de décharge et de réduction à accorder sur les contribution directes des années 5 et 6, et à adopter, le 26 du mois dernier, la résolution relative seulement aux décharges et réductions qui doivent être accordées sur la contribution personnelle, mobilière et somptuaire de ces mêmes années.

Organe de la commission que vous avez chargée d'examiner cette résolution, je viens soumettre à votre sagesse ses observations et son opinion.

Cette résolution a été décrétée suivant la forme d'urgence, et l'urgence a été ainsi motivée:

« Considérant combien il est instant de faire cesser toute incertitude » soit de la part des administrations centrales et municipales, soit de » celle des contribuables, dans le mode de se pourvoir et de prononcer » sur les demandes en décharge ou réduction de la contribution per- » sonnelle, mobilière, somptuaire des années 5 et 6, afin de donner » au recouvrement toute l'activité dont il est susceptible,

» Déclare qu'il y a urgence. »

Tendre à être juste, tendre à activer le recouvrement, ce sont des motifs d'urgence qui ne peuvent manquer d'obtenir votre assentiment : votre commission vous propose d'approuver l'acte d'urgence par ces mêmes motifs.

La contribution, citoyens représentans, de laquelle il s'agit, a été fixée pour l'an 5, principal et centimes additionnels réunis, à 75 millions; elle l'a été pour l'an 6, à 62,500,000 fr.

Cette contribution donne lieu pour sa répartition à la formation de trois cotes distinctes, la cote personnelle, la cote mobilière et la taxe somptuaire.

La cote personnelle est fixée d'après les facultés du contribuable, composées des revenus fonciers, des rentes perpétuelles et viagères, des pensions, des salaires publics et privés; des profits du commerce et de ceux de l'industrie : tout ce qui constitue la fortune d'un Français entre en considération pour régler sa cote personnelle, qui ne peut être moindre d'un franc 50 centimes, et excéder 120 fr. J'ai dit que tous les revenus d'un contribuable, fonciers et mobiliers, entrent en considération lors de la fixation de la cote personnelle : je l'ai dit plus d'après les instructions adressées aux administrations, et la répartition, que d'après le texte de la loi du 14 thermidor. Les Français classés parmi les indigens sont seuls exempts de cette cote, et l'époux et le père de famille ont droit à y être taxés, à facultés égales, plus foiblement que le célibataire et que l'époux qui n'a pas d'enfans.

La cote mobilière se règle ainsi. Tout autre revenu que le revenu foncier est revenu mobilier : celui-ci est la base de la cotisation mobilière. Si un Français a la moitié, le tiers ou le quart de son revenu total en revenu mobilier, cette moitié, ce tiers ou ce quart sont imposables à la cote mobilière; et la règle prescrite par l'article XVIII de la loi du 14 thermidor an 5, rappelée aux administrations par les lettres du ministre des finances, et communément suivie de la fixation de cette cote, est de doubler cette moitié, ce tiers ou ce quart de la cote personnelle.

Pour rendre cette opération sensible, supposons une cote personnelle fixé à 12 fr.; supposons que le revenu totale est 900 fr., et que les deux tiers de ce revenu sont un revenu mobilier, la cote mobilière pourra être fixée à 18 fr., non que cette règle du double ne puisse être excédée. Les mêmes considérations qui doivent agir, lors de la fixation de la cote personnelle, sont autorisées lors de celle de la cote mobilière. Il faut observer aussi qu'une partie de toute la contribution est séparée et réservée à la taxe somptuaire, et que c'est le montant destiné aux cotes personnelles et mobilières qui est ainsi réparti. La taxe somptuaire a des bases positives : ces bases sont les objets déterminés par la loi du 14 thermidor.

Les cotes personnelles et mobilières sont principalement susceptibles de décharge ou de réduction.

La loi du 14 thermidor a confié à des jurys d'équité la répartition de la contribution personnelle, mobilière et somptuaire ; elle voulut suppléer par la conscience des membres qui composeroient ces jurys au peu de réalité qu'ont les bases de cette répartition : mais, quelle qu'en ait été la cause, cette mesure n'a point rempli le but qu'on s'étoit proposé, et la fixation des cotes personnelles et des cotes mobilières est vicieuse. Ne nous le dissimulons pas, citoyens collègues, le corps législatif n'a point une connoissance positive de la vraie valeur du revenu net, imposable, des fonds qui composent le territoire de la République française. Les calculs, les opinions des hommes célèbres qui se sont occupés de cette partie de l'économie politique, les inductions qu'on tire des impositions foncières perçues sous l'ancien gouvernement, conduisent à de simples conjectures qui ne sont pas préservées d'erreurs ; il a bien moins encore de connoissances positives de la vraie valeur du revenu mobilier, de ce revenu en quelque sorte fugitif, existant lors de la cotisation, altéré le lendemain, et détruit un mois après.

Il n'appartient qu'à un système de contributions dont le mode des dégrévemens, décharges et réductions seroit une partie essentielle, conçu avec lumières, constamment suivi et au temps, de donner les moyens de faire, sur l'intérêt particulier, sur les ressources qu'il suggère et qu'il emploie, la conquête de la connoissance positive de la valeur imposable des revenus fonciers et mobiliers, et d'assurer cette base précieuse à la fixation de la quotité des contributions directes que le peuple français doit acquitter chaque année, et à la répartition de ces contributions.

L'assemblée constituante l'a senti, et cette assemblée dont les travaux doivent être le sujet si fréquent des méditations du législateur, conçut et traça un système général de dégrévemens, de décharges et de réductions sur les contributions directes, des divers moyens à employer pour les obtenir, par les départemens, par les districts, par les cantons, par les communes et par les particuliers; elle éveilla et mit en opposition les intérêts particuliers; elle espéra que de ce choc il sortiroit des lumières utiles, et crut qu'on pouvoit attendre de ce système soigneusement et persévéramment exécuté, le moyen d'arriver insensiblement et nécessairement à acquérir des bases certaines à une fixation juste de la quotité des contributions directes, et à une répartition équitable de ces contributions.

Telle a été la force des événemens, qu'on a perdu de vue ce système, et qu'on n'en a pas sur les contributions directes.

On a été...... c'est beaucoup, il y a auroit de l'ingratitude à l'oublier.

Telle est encore, en cet instant, citoyens collègues, l'empire des circonstances, que, sans plan sur les dégrévemens, les décharges et les réductions, sans connoissance de ceux qui seront à accorder sur la contribution foncière des années 5 et 6, il est indispensable que vous vous occupiez de connoître et de juger les avantages et les inconvéniens de la résolution soumise présentement à votre délibération.

Je dois vous rendre compte de ses dispositions:

« Elle admet à réclamation tout contribuable cotisé pour sa cote » mobilière des années 5 et 6, à une somme excédente le vingtième » de son revenu mobilier; la réclamation doit être présentée dans le » mois de la publication de la loi, et le réclamant doit joindre la » justification du paiement du tiers de ses cotes personnelle et mobi- » lière, et de la totalité de sa taxe somptuaire et une copie de la » déclaration prescrite par la l'article II de la loi du 14 thermidor. Les » réclamans pour cause de double emploi ou d'erreur de nom sont » dispensés de tout paiement provisoire.

» La résolution distingue la cote mobilière fixée d'après des re- » venus mobiliers assis sur le trésor national, ou d'après des trai- » temens et salaires publics; cette cote ne peut être taxée au-dessus

» du

» du quarantième de ces revenus ou de ces traitemens et salaires ; » lorsqu'elle le fera, elle pourra être réduite dans cette proportion ; les » réclamans doivent présenter leur réclamation dans le même délai, » et faire la même justification ; les administrations centrales et muni- » cipales prendront en considération la nature des paiemens faits aux » rentiers et aux pensionnaires.

» La cote personnelle sera dégrévée dans la proportion du quaran- » tième des revenus foncier et mobilier.

» Les fonds de modération et décharges sont fixés au cinquième de » la contribution personnelle, mobilière et somptuaire des années 5 et 6, » principal et centimes additionnels rémis : ces fonds sont accordés à » chaque département sur son contingent à cette contribution.

» Chaque administration municipale adressera, dans la première » décade du second mois de la publication de la loi, à l'administration » centrale l'état nominatif de tous les réclamans, avec le montant de » leur contribution, tant en principal que centimes additionnels ; ces » états rassemblés, les administrations centrales feront, entre les muni- » cipalités de leur ressort, la répartition des fonds de modération et » de décharge.

» Dans les trois mois de la publication de la loi, les administrations » municipales statueront sur toutes les demandes en décharges et ré- » duction régulièrement formées. Dans les quatre mois de la publi- » cation de la loi, les administrations centrales prononceront défini- » tivement sur les décisions des administrations municipales, qu'elles » pourront admettre, rejeter ou modifier. Avant de statuer, les admi- » nistrations municipales communiqueront aux commissaires du direc- » toire exécutif et aux agens particuliers des contributions directes » toutes les demandes en modération ou décharge, et les administra- » tions centrales communiqueront aux commissaires du directoire » exécutif et aux agens généraux des contributions directes toutes les » décisions des administrations municipales ; les commissaires du direc- » toire exécutif, et les agens particuliers et généraux des contributions » directes feront leur rapport, conformément à la loi du 22 brumaire » dernier ; les ordonnances de décharge ou de réduction seront reçues » pour comptant jusqu'à la concurrence seulement des fonds accordés

» à chaque département : si les administrations croyoient devoir en » accorder pour plus grande somme, l'excédent ne pourroit l'être qu'à » la charge de la réimposition sur le rôle de l'an 5, par municipalité » et par commune ;

» Les ordonnances de restitution de sommes payées, excédantes » celles déterminées par l'ordonnance de modération ou décharge, » seront remboursées par le percepteur ou le proposé du receveur » général, sur leur présentation, et elles seront allouées dans les comptes » du receveur général. »

Voilà, représentans du peuple, les principales dispositions de la résolution :

Sont-elles justes ?

Sont-elles nécessaires à l'activité du recouvrement ?

Sont-elles d'une exécution facile ?

Votre commission les a examinées sous ces trois rapports : si on justifie l'affirmative de ces questions, il sera évident que ces dispositions ont plus d'avantages que d'inconvéniens.

Sont-elles justes ?

J'éviterai à votre sensibilité le tableau vrai des inquiétudes, des peines et des larmes qu'a coûtées à un grand nombre de Français l'injuste fixation des cotes personnelles et des cotes mobilières ; mais cette injustice ne peut être un problême.

Elle a deux causes évidentes, l'excès du montant de la contribution, et la nature de la contribution.

75 millions pour l'an 5, 62 millions 500,000 francs pour l'an 6, et le concours de la perception de ces deux sommes démontrent l'excès du montant de cette contribution, à une époque où les créanciers de l'état ont beaucoup perdu, et ont été peu payés de ce qui leur a été conservé de leurs créances ; à une époque où les arts, le commerce et l'industrie ont souffert.

Ce seroit en vain que, pour affoiblir l'effet de cette vérité, on opposeroit l'intérêt énorme qu'ont produit les capitaux disponibles : ce fait prouve les difficultés et les malheurs du moment ; et ce fléau ne peut être pris en considération par le législateur. Rarement une contribution directe atteint les possesseurs de ces capitaux.

Par sa nature cette contribution est à peu près sans bases dignes de confiance pour en faire la répartition.

Cette répartition est arbitraire.

Elle l'est autant que l'étoit celle de la capitation.

Toutes incertaines que sont les bases de la répartition de la contribution foncière, elles le sont incomparablement moins que celles de la fixation des cotes mobilières ; on ne peut se tromper que sur la quotité, c'est-à-dire, sur le plus ou le moins d'une cote foncière ; on a pour objet une chose réelle, un revenu quelconque certain ; on peut, au contraire, se tromper de la totalité, lors de la fixation d'une cote mobilière.

Qu'ont de certain les produits des talens, des arts, de l'industrie et souvent même du commerce?

L'appréciation de ces produits est conjecturale ; elle est souvent hasardée ;

Ils existent instantanément :

Ils sont soumis aux événemens, aux circonstances, aux maladies et aux foiblesses humaines ;

L'intérêt national est à ce qu'ils se multiplient.

Ceux qui jouissent de ces produits forment une nombreuse et intéressante partie du peuple français, et ce seroit pour pénétrer dans leurs respectables asiles, pour les y contraindre au paiement d'une excessive cotisation mobilière, qu'existeroit une foule de garnisaires....

Permettez-moi, représentans du peuple, de vous le répéter, le montant de la contribution personnelle, mobilière et somptuaire pour les années 5 et 6, est *cent trente-sept millions cinq cent mille francs.*

Ces deux années se perçoivent ensemble : l'expédition des rôles a été très-retardée ; il y a à peine trois mois que ceux de cette commune sont mis en recouvrement, et il existe des parties de la république où ces rôles n'y sont pas encore.

Ajouterai-je que le directoire exécutif a fait pressentir la justice et la nécessité de réduire pour l'an 7, de moitié, le montant de la contribution personnelle, mobilière et somptuaire, et que cette contribution pour l'an 7 est fixée à 30 millions.

Votre commission a conclu avec confiance de ces diverses circonstances, qu'il est juste de réduire le montant de cette contribution ; et d'arrêter les effets des erreurs glissées dans la répartition.

Le mode et les moyens de réduction proposés par la résolution ont-ils aussi des caractères de justice ?

La résolution, représentans du peuple (vous l'avez remarqué), ne tient point à un système sur les réductions et décharges, de l'exécution duquel on pût attendre des lumières pour l'avenir : née des circonstances et du besoin, elle a l'objet simple exprimé dans les motifs de l'urgence :

« Faire cesser toute incertitude dans le mode de se pourvoir, ou » de prononcer sur les demandes en décharge ou réduction de la con- » tribution personnelle, mobilière et somptuaire des années 5 et 6, » pour donner au recouvrement toute l'activité dont il est susceptible. »

Elle fixe la cote mobilière au vingtième du revenu mobilier, et les fonds destinés aux décharges et réductions au cinquième du montant de la contribution, principal et centimes additionnels reunis.

La fixation de la cote mobilière au vingtième du revenu mobilier a donné lieu à une objection. On a dit, il est extraordinaire que le revenu foncier soit imposé à raison du cinquième, et que le revenu mobilier le soit à raison du vingtième : cette fixation, cette disproportion sont injustes ; car 1000 fr. de revenu foncier et 1000 fr. de revenu mobilier sont également 1000 fr.

Cette objection n'a point arrêté le conseil des cinq-cents. Si elle étoit fondée, elle seroit même la critique de la proportion suivant laquelle sont réglés le montant de la contribution foncière et celui de la contribution personnelle, mobilière et somptuaire : de cette proportion dérive déjà la justification de celle qui doit exister dans la cotisation à chacune de ces deux contributions.

Oui, 1000 fr. de revenu foncier, et 1000 fr. de revenu mobilier sont également 1000 fr. lorsqu'ils sont touchés ; mais en espérance, et pour la durée, ce n'est point la même chose.

Mille francs d'un revenu foncier appartenant à un propriétaire affermant, ou à un propriétaire cultivant ou occupant, sont à peu près certains ; 1000 fr. présumés de revenu mobilier ne le sont pas : et c'est le revenu qui est la base de la cotisation.

Il est donc juste de mettre une différence entre la proportion de la cotisation à une contribution assise sur un revenu certain, et celle de la cotisation à une contribution due par un revenu incertain.

La législation a continuellement maintenu cette différence : elle existoit avec les anciennes impositions.

La proportion réglée par la résolution n'est pas une innovation : elle étoit suivie par l'assemblée constituante, et elle n'est pas exagérée ; on ne peut en douter, en fixant son attention sur ce qui constitue le revenu mobilier.

Les capitaux employés dans le commerce sont la partie la moins incertaine de ce revenu, cependant leurs produits sont-ils positifs ? Le nombre des commerçans perdans est en ce moment peut-être plus grand que celui des commerçans faisant de gros bénéfices : ceux-ci ne sont pas seuls à appercevoir ; les quatre cinquièmes conservés de la contribution suffiront pour les atteindre, et les premiers ont des droits irrésistiblement vrais à la sollicitude et à la justice du corps législatif.

Voyez maintenant les autres parties du revenu mobilier : ce sont les produits des talens, des lumières, de la culture des sciences et des arts, de l'agriculture à titre de fermier, et de l'industrie.

Combien ces produits sont incertains, et combien ils sont intéressans !

Se transporteroit-on dans le cabinet d'un savant, d'un jurisconsulte, d'un littérateur, d'un officier de santé ; dans l'atelier d'un peintre, d'un sculpteur ; sous le toît du cultivateur-fermier, et dans les boutiques des artisans les plus nécessaires et les plus accrédités ? on y trouveroit la patrie utilement servie, la probité, les mœurs, l'amour de la liberté, le génie, les talens, les lumières et les connoissances propres à son état ; mais on n'y trouveroit pas la garantie de la réalité du revenu taxé à la cote mobilière.

Iroit-on chez le créancier de l'état ? on y trouveroit la douleur, la misère et la résignation. Eh ! qui n'applaudit pas à la disposition de la résolution qui distingue la cote mobilière, ayant pour base des revenus mobiliers assis sur le trésor national, ou des traitemens et salaires publics, qui fixe cette cote au quarantième de ce revenu, et prescrit aux administrations centrales et municipales de prendre en considération la nature des paiemens faits aux rentiers et aux pensionnaires ?

La cote personnelle pourra être dégrévée dans la proportion du quarantième des revenus fonciers et mobiliers : cette proportion est une conséquence de l'exécution de l'article 18 de la loi du 14 thermidor.

L'article XXVIII de la loi du 14 thermidor ordonne le paiement des deux cinquièmes de la contribution avant d'être admis à réclamer ; l'article premier de la résolution adoucit cette disposition, et réduit le paiement provisoire au tiers des cotes personnelle et mobilière, en ordonnant le paiement de la totalité de la taxe somptuaire.

Ce mode et ces moyens de décharge ou de réduction ont paru justes à votre commission.

Sont-ils nécessaires à l'activité du recouvrement ?

Lorsqu'on est persuadé, citoyens collègues, de la justice de la résolution, on est bien préparé à l'être de la nécessité de ses dispositions pour donner de l'activité au recouvrement.

En effet, la contribution qui se recouvre le plus aisément est celle qui est sagement proportionnée aux facultés des contribuables, et dont la répartition est faite avec équité ; une contribution dont le montant est excessif, et dont la répartition est arbitraire, ne se recouvre pas ou presque pas; les réclamations sont aussi nombreuses que les cotes; le gouvernement, les administrations, les réclamans sont incertains, et le recouvrement est en stagnation : la justice seule fait cesser cette stagnation, elle donne au gouvernement les moyens qu'il doit, qu'il peut et qu'il veut employer.

On ne subvient point réellement au service public par une contribution immodérément fixée et arbitrairement répartie.

La contribution personnelle, mobilière et somptuaire des années 5 et 6, est excessive ; chacun en a acquis la conviction ;

Les réclamations ne peuvent se compter, le recouvrement ne se fait pas :

Modérer cette contribution, est le seul moyen de rendre la vie au recouvrement.

Une partie considérable de ce recouvrement ne sera-t-elle pas assurée ? ne recevra-t-elle pas toute l'activité dont elle est susceptible, puisque, pour réclamer, il faudra avoir provisoirement payé le tiers des cotes personnelle et mobilière, et la totalité de la taxe somptuaire, et puisque la réclamation ne sera admissible que dans le mois de la publication de la loi?

On ne peut trop se pénétrer de la vérité qui suit:

Il ne s'agit pas d'empêcher le versement de plus de 33 millions au trésor national, il s'agit d'assurer et d'activer le recouvrement de plus de 60 : cet important effet est en grande partie attendu des dispositions de la résolution.

Sont-elles d'une exécution facile ?

Il semble que l'exécution aisée de dispositions justes est le complément de la justice, si on peut s'exprimer ainsi.

Législateurs, l'objet de la résolution est simple, il est du moment, les moyens qu'elle adopte le sont aussi.

Sont but est de rendre justice aux contribuables trop imposés; et c'est lorsque l'on prend des mesures pour tenter de parvenir à être juste envers le peuple par la fixation de la totalité de la contribution, envers chaque département, chaque canton et chaque commune, par la division et la répartition de cette contribution, que les moyens sont moins simples, et peuvent devenir compliqués.

L'exécution des dispositions de la résolution est aisée. Ce qui le sera le moins, ce qui même ne peut l'être en cet instant, sera d'avoir une exacte connoissance des facultés foncières et mobilières des réclamans : les déclarations de ceux-ci, les opérations des jurys, toutes les bases qui auront servi à la confection des matrices de rôles, et les éclaircissemens ultérieurs qui devront être pris avec célérité, impartialité et soin, procureront aux administrations, autant qu'il est possible, cette connoissance. La loi présentement ne peut davantage; et les administrations doivent sentir et sentent sans doute qu'une de leurs plus délicates et plus importantes fonctions, est de faire supporter également à leurs administrés les contributions directes, et d'en assurer la répartition d'après les facultés des contribuables.

Le poids d'une contribution seroit moins senti, si sa répartition étoit évidemment dégagée de toutes les influences qui en éloignent la justice ; au surplus, la fixation des cotes, leur proportion, celle suivant laquelle elles doivent être dégrévées, le montant de la réduction accordée à chaque département sur son contingent, la détermination des différens délais (délais qui cependant, en certains cas, doivent être comminatoires, puisqu'il y a des parties de la France où les rôles ne sont pas encore en recouvrement, par exemple, dans les départemens formés des pays réunis), et toutes les autres dispositions d'exécution, sont exprimées et sont faciles à exécuter.

Il a été objecté contre la disposition qui accorde à chaque département une modération sur son contingent, que cette disposition n'étoit ni juste, ni sage; que plusieurs départemens n'avoient pas réclamé contre la fixation de leur contingent, et qu'ils l'avoient acquitté : qu'il résulteroit des abus de la réduction qu'on accorderoit à ces départemens, une réduction qu'ils ne demandoient pas. Ces objections, soumises au conseil des cinq-cents, n'ont point eu d'effet sur sa détermination; elles ont paru de même à votre commission ne devoir pas en avoir sur la vôtre.

Le corps législatif a réglé le moutnat de la contribution personnelle, mobilière et somptuaire que la France devoit acquitter pendant les années 5 et 6. Il a assigné, d'après cette fixation, un contingent à chaque département; il l'a fait, autant qu'il l'a pu, avec justice; et lorsqu'il reconnoît que la première fixation a été excessive, il doit faire participer chaque département, selon son contingent, à la réduction qu'il croit juste d'accorder.

Le dévouement, les sacrifices faits pour payer promptement ne peuvent être punis par le corps législatif. Eh ! qu'est-ce qui a été perçu jusqu'à présent? 28 millions sur la contribution de l'an 5, et 5 millions sur celle de l'an 6.

La réduction fixée au cinquième est accordée sur le principal et sur les centimes additionnels : puisse-t-elle suffire !

Chaque département partagera ce cinquième en raison de son contingent. Cette base est positive, et elle ne peut être excédée; ce qui seroit accordé d'excédant par les administrations, ne pourroit l'être que par le moyen de la réimposition. Ce moyen ne sera point employé : on peut le prévoir.

On

On a critiqué les articles V et VI de la résolution. Ces articles ordonnent la formation et l'envoi par les administrations municipales aux administrations centrales, dans la première décade du second mois de la publication de la loi, des états nominatifs des réclamans, avec le montant de leur contribution, tant en principal que centimes additionnels, et la répartition par les administrations centrales, aussitôt ces états rassemblés, des fonds de réduction entre les municipalités de leur ressort.

On a paru craindre que les administrations municipales provoquassent les réclamations, qu'elles cherchassent à grossir leurs états, qu'elles oubliassent la justice pour céder à des affections locales. Le conseil des Cinq-cents n'a point partagé ce défaut de confiance sur lequel cette critique est fondée ; votre commission a été éloignée de même de le partager. Qui donc peut être présumé digne de confiance, si ce ne sont pas des administrateurs appelés à leurs fonctions par l'estime de leurs concitoyens, et qui, en les acceptant, prouvent leur dévouement et leur désintéressement ?

Déterminée, citoyens représentans, par ces différentes considérations, votre commission est convaincue que les dispositions de la résolution sont justes, qu'elles sont nécessaires à l'activité du recouvrement, et qu'elles sont faciles à exécuter.

Cependant la résolution loi a paru laisser des choses à desirer : elle vous en doit également compte.

La rédaction des lois est une des parties qui concourent à faire reconnoître les bonnes lois. La rédaction de la résolution pourroit avoir été plus soignée ; elle n'en est pas dispensée, quoiqu'elle soit le projet d'une loi en quelque sorte passagère.

La loi du 14 thermidor a, par son article XXIX, accordé des fonds de non-valeur, de réduction et de décharge sur la contribution personnelle, mobilière et somptuaire de l'an 5 : ces fonds sont insuffisans, ils s'élèvent à *à-peu-près six millions*.

Sans doute la fixation déterminée par l'art. IV de la résolution l'est indépendamment des fonds accordés par l'art. XXIX de la loi du 14 thermidor : c'est-à-dire que ces 6 millions, environ, sont de plus que 29 millions 500,000 fr. accordés par l'art. IV de la résolution.

Tel est l'excès de la contribution que, ces différens fonds de réduction réunis, la modération qui en résultera ne sera point exagérée.

On peut d'autant plus comprendre que la fixation faite par l'art. IV de la résolution est indépendante des fonds accordés par l'art. XXIX de la loi du 14 thermidor, que l'art. XV de la résolution contient « que « les dispositions des lois précédentes sont maintenues dans tout ce qui « n'est pas contraire à la présente. »

L'art. XXIX de la loi du 14 thermidor n'est pas contraire à l'art. IV de la résolution ; ces deux articles sont plus concordans que contraires : ils ont le même objet. L'art. XXIX de la loi du 14 thermidor est donc maintenu ; mais il eût été plus convenable que la résolution l'exprimât.

L'art. XIII de la résolution autorise le percepteur ou le préposé du receveur-général à rembourser, à la présentation, toutes ordonnances de restitution dûment acquittées, et accordées à des contribuables qui auront payé une somme excédante celle fixée par l'ordonnance de modération : ces remboursemens seront alloués dans le compte du receveur-général. Mais sur quels fonds ces remboursemens seront-ils faits ?

Ils ont paru à votre commission devoir l'être sur les fonds de non-valeur, de modération et de décharge accordés par les art. XXIX de la loi du 14 thermidor, et IV de la résolution.

Pour qu'il en fût différemment, il faudroit que la loi désignât les fonds particuliers sur lesquels ces remboursemens seroient faits : et cependant cet article devroit être plus clair.

On croit pouvoir présumer que le montant des ordonnances de restitution sera peu considérable.

Ces défauts, reconnus par votre commission, n'ont point balancé dans son esprit les avantages de la résolution.

C'est parce que les besoins du service public sont justement et vivement sentis qu'il faut réduire le montant de la contribution personnelle, mobilière et somptuaire des années 5 et 6, afin de pouvoir faire le recouvrement de ce qui sera justement conservé de cette contribution.

L'État, citoyens collègues, ne perdra point 33 millions, on sera juste ; et le recouvrement de ce qui restera à percevoir de cette contribution recevra toute l'activité dont il est susceptible.

Enfin, représentans du peuple, toutes les lois concernant la fixation des contributions directes et les moyens de perception de ces contributions sont rendues ; elles contiennent les dispositions rigoureuses qui sont nécessaires : ces lois sont exécutées.

Le corps législatif, en les émettant, a rempli un de ses principaux devoirs ; il a satisfait à ce qu'exige tout ce qui assure le service public ; mais celles qu'on peut appeler de justice et de bienveillance, qui tempéreront la rigueur des premières, et qui répareront les erreurs inséparables de la répartition, sont à rendre, et sont impatiemment attendues.....

Votre commission, composée de vos collègues Regnier, Pompéi, Karcher, Peneau et Ledanois, vous proposent, d'avis unanime, d'adopter la résolution.

Loi relative aux demandes en décharge ou réduction des contributions personnelle, mobilières et somptuaires des années 5 et 6.

Le conseil des Anciens, adoptant les motifs de la déclaration d'urgence qui précède la résolution ci-après, approuve l'acte d'urgence.

Suit la teneur de la déclaration d'urgence et de la résolution du 26 Fructidor.

Le conseil des Cinq-cents, considérant combien il est instant de faire cesser toute incertitude, soit de la part des administrations centrales et municipales, soit de celle des contribuables, dans le mode de se pourvoir ou de prononcer sur les demandes en décharge ou réduction de la contribution personnelle, mobilière et somptuaire des années 5 et 6, afin de donner au recouvrement toute l'activité dont il est susceptible.

Déclare qu'il y a urgence, et prend la résolution suivante :

Art. Ier. Tout contribuable cotisé pour l'an 5 et l'an 6 à une cote mobilière excédant en principal le vingtième de son revenu mobilier, sera admis à la réclamation dans le mois qui suivra la publication de la présente loi, en joignant à sa pétition,

1°. Un certificat du paiement du tiers de sa contribution personnelle et mobilière, et de la totalité de sa contribution somptuaire, tant en principal que centimes additionnels;

2°. La déclaration prescrite par l'article XI de la loi du 14 thermidor an 5.

Le paiement provisoire n'est pas exigible pour les demandes motivées pour doubles emplois et erreurs de noms, certifiés par l'agent de la commune, ou par l'administration municipale de commune ou d'arrondissement.

II. Les revenus mobiliers assis sur le trésor national, les traitemens et les salaires publics, imposés à une cote mobilière excédant en principal le quarantième de leur montant, seront dégrevés dans cette même proportion, en justifiant, par le réclamant, des paiemens provisoires ordonnés par l'article Ier. : les administrations centrales et municipales prendront en considération la nature des paiemens faits aux rentiers et pensionnaires.

III. La cote personnelle pourra être dégrevée dans la proportion du quarantième des revenus fonciers et mobiliers, et d'après les bases indiquées par l'article XVIII de la loi du 14 thermidor an 5.

IV. Il est accordé à chaque département, pour subvenir aux décharges et réductions sur la contribution personnelle, mobilière et somptuaire des années 5 et 6, jusqu'à vingt centimes pour franc, ou un cinquième du principal et des centimes additionnels de leur contingent, pour chacune desdites deux années.

V. Les administrations municipales, dans la première décade du second mois de la publication de la présente loi, adresseront à l'administration centrale l'état nominatif de tous les réclamans avec le montant de leur contribution tant en principal que centimes additionnels.

VI. Les administrations centrales, aussitôt la réunion des états désignés en l'article V, feront, entre les municipalités de leur ressort, la répartition des fonds de modération et décharge accordés par l'article IV, d'après les renseignemens qu'elles se seront procurés sur le plus ou le moins de surcharge de chacune d'elles.

VII. Les administrations municipales communiqueront toutes les demandes en modération ou décharge, aux commissaires du Directoire exécutif, agens particuliers des contributions directes. Ces derniers assisteront à toutes les vérifications qui seront ordonnées; ils feront leur rapport conformément à la loi du 22 brumaire, an 6, et à l'instruction qui y est annexée.

VIII. L'administration municipale, si le contribuable a rempli toutes les formalités prescrites par l'article I.er, statuera, dans les trois mois qui suivront la publication de la présente loi, sur toutes les demandes en décharge ou réduction de la contribution personnelle, mobilière et somptuaire des années 5 et 6, après s'être procuré tous les renseignemens locaux qui peuvent assurer la justice de ses décisions.

IX. Les décisions des administrations municipales ne seront exécutées qu'après avoir été soumises au *visa* de l'administration centrale, qui pourra les admettre, les rejeter ou les modifier.

X. L'administration centrale communiquera toutes les décisions des administrations municipales, au commissaire du Directoire exécutif agent général des contributions directes, qui fera son rapport conformément à la loi du 22 brumaire an 6.

XI. Les administrations centrales prononceront définitivement, même en cas d'appel, sur toutes les demandes en décharge ou réduction, dans les quatre mois de la publication de la loi.

XII. Les ordonnances de décharge ou réduction prononcées par les administrations municipales, dûment visées par les administrations centrales, seront prises et reçues pour comptant par les percepteurs, le receveur général ou ses préposés, et par la trésorerie nationale, jusqu'à la concurrence des sommes laissées à la disposition des administrations centrales par l'article IV, sans qu'elles puissent en consentir aucune au-delà, qu'à la charge de la réimposition sur les rôles de l'an V, par municipalité et par commune, et d'en faire poursuivre le recouvrement dans la forme ordinaire.

XIII. Les ordonnances de restitution qui pourront être accordées aux contribuables qui justifieront avoir payé une somme excédant celle déterminée par l'ordonnance de modération ou décharge prononcée à leur profit, seront remboursées par le percepteur, ou le préposé du receveur général, sur la présentation de l'ordonnance dûment acquittée, et ensuite allouées dans les comptes du receveur général.

XIV. Tout contribuable qui n'aura pas réclamé dans la forme et dans les délais indiqués par l'article I.er, sera tenu d'acquitter la totalité de sa contribution personnelle, mobilière et somptuaire des années 5 et 6.

XV. Les dispositions des lois précédentes sont maintenues dans tout ce qui n'est pas contraire à la présente.

XVI. La présente loi sera, à la diligence des administrations centrales, réimprimée, publiée et affichée dans toutes les communes de leur arrondissement.

XVII. La présente résolution sera imprimée.

Signé DAUNOU, *président;* GIROT, L. BONAPARTE, *secrétaires.*

Après une seconde lecture, le conseil des Anciens approuve la résolution ci-dessus. Le 7 Vendémiaire, an 6, de la République française.

Signé B. M. DECOMBEROUSSE, *président;* LENOIR-LAROCHE, DUBUISSON, MONTMAYOU, CORNET, *secrétaires.*

Paris, le 27 Vendémiaire, an 7.

Le Ministre des Finances, aux administrations centrales des départemens.

Le corps législatif, citoyens, vient, par la loi du 7 de ce mois, de mettre les corps administratifs à portée de statuer sur les réclamations relatives à la contribution personnelle des années 5 et 6. Je vais en parcourir les principales dispositions.

§. Ier.

Conditions pour se pourvoir.

Toute réclamation doit être présentée dans le mois qui suit la publication de la loi. L'article XVI porte qu'elle sera réimprimée, publiée et affichée dans toutes les communes. Il est donc bien important de constater l'époque précise de la publication et affiche dans chaque commune.

Dans les communes où le rôle n'est pas fait, le délai ne doit courir qu'à compter du jour de la mise en recouvrement du rôle, et il sera également nécessaire de constater authentiquement cette époque.

Tout réclamant, excepté pour double emploi ou faux emploi, doit justifier du paiement du tiers de ses taxes personnelle et mobilière, et de la totalité de ses taxes somptuaires.

Il doit, en outre, joindre la déclaration de la situation et de la valeur de ses biens, de son état ou profession, de son traitement, prix de ferme ou patente, de ses domestiques, chevaux et voitures, et de son état de célibataire, veuf ou marié, telle que l'exige l'art. II de la loi du 14 thermidor an 5.

§. II.

Bases à suivre pour les réductions.

La loi du 14 thermidor an 5, n'avoit point fixé de base pour les taxes personnelles et mobilières; et dès-lors toute réclamation devenoit impossible. La nouvelle loi y supplée, et établit en général pour base de la cote mibilière, le vingtième du revenu mobilier.

Cette base change à l'égard des citoyens dont les revenus mobiliers consistent en traitemens ou salaires publics, rentes ou pensions; elle n'est plus alors que du quarantième du revenu; et les corps administratifs peuvent même et doivent prendre une proportion moins forte encore pour les rentiers et pensionnaires, en considération de la nature du paiement des rentes et pensions.

Il est essentiel de remarquer que dans l'évaluation du revenu mobilier dont on demande le vingtième et le quarantième pour les fonctionnaires, salariés publics, rentiers et pensionnaires, on doit toujours faire les déductions des charges, et avoir égard aux qualités de célibataires, mariés, pères de famille, et au nombre d'enfans, conformément à l'article XVIII de la loi du 14 thermidor an 5, rappelé dans l'article III de la nouvelle loi.

L'article XVIII de la loi du 14 thermidor an 5, en établissant la cote mibilière, porte qu'elle sera au moins le double de la cote personnelle; l'article III de la nouvelle loi maintient cette même proportion : ainsi lorsque la cote mobilière d'un citoyen qui n'a que des revenus mobiliers, aura été réduite au vingtième ou au quarantième, la cote personnelle pourra être réduite dans la même proportion.

§. III.

Fonds de non-valeurs.

L'article IV de la nouvelle loi accorde à chaque département, pour faire face aux décharges et réductions, le cinquième de leurs contingens des années 5 et 6.

Vous ne pouvez excéder ce *maximum ;* mais s'il ne vous est pas nécessaire en totalité, vous ne devez prendre que la somme qui vous sera indispensable pour accorder les décharges ou réductions, d'après les bases prescrites.

Je suis bien persuadé que chaque administration centrale, se pénétrant de l'esprit de la loi, se fera un devoir, en rendant toute la justice due à ses administrés, de ménager le plus possible les intérêts du trésor public.

Si le fonds que vous accorderez à une commune ne suffisoit pas pour réduire toutes les cotes dans les proportions fixées par la nouvelle loi, l'administration municipale n'en doit pas moins prononcer toutes les décharges ou réductions auxquelles les contribuables auront droit d'après les dispositions de la loi ; et la somme dont ces décharges et réductions excéderont le fonds de non-valeurs que vous avez accordé, sera réimposée sur les contribuables qui n'auront point obtenu de réductions. Cette réimposition aura lieu dans les communes où les jurys

de

de répartition ont opéré avec une partialité semblable à celle que m'ont dénoncée plusieurs corps administratifs, partialité qui, faisant porter la majeure partie de l'imposition sur quelques citoyens seulement, tendoit à frustrer le trésor public de la ressource qu'il auroit trouvée dans une répartition juste et impartiale.

§. I V.

Distribution du fonds de non-valeurs entre les Municipalités.

Un mois étant laissé aux contribuables pour la présentation de leurs requêtes, l'administration municipale doit, dans le mois suivant, les rassembler, et en dresser l'état nominatif (*article V*), contenant, 1°. les noms des réclamans; 2°. le montant de leurs cotes; 3°. la somme dont ils demandent à être dégrevés : l'administration municipale ajoutera au bas le fonds qu'elle croira devoir demander pour faire face à ces décharges et réductions.

Lorsque vous aurez reçu des Municipalités tous ces états, vous les examinerez ; vous établirez la surcharge que chaque canton vous paroîtra supporter, et vous assignerez (*article VI*) un fonds à chaque administration municipale proportionné aux besoins qu'elle vous paroîtra avoir. La réunion des fonds accordés à toutes vos Municipalités, ne pourra excéder le cinquième du contingent de votre département; et j'ai même lieu de croire qu'elle sera de beaucoup inférieure dans un grand nombre de départemens.

§. V.

Ordonnances de décharges et réductions.

La marche à suivre pour l'examen des requêtes, est tracée par les articles VII, VIII, IX, X et XI de la nouvelle loi, et par l'instruction annexée à la loi du 22 brumaire an 6, portant établissement de l'agence des contributions : ces dispositions sont claires et précises. Ainsi, l'agence des contributions va entrer en activité pour cette partie; l'administration municipale prononce en première instance, sur le rapport du commissaire agent particulier ; et vous, par révision et en dernier ressort, sur le rapport du commissaire agent général.

§. VI.

Imputations des ordonnances de décharges et réductions.

Tout contribuable qui obtient une décharge ou réduction en principal, doit l'obtenir en centimes additionnels. En effet, si un citoyen a été taxé dans une commune où il ne résidoit pas, il ne peut pas plus y rester cotisé en centimes additionnels qu'en principal : ce principe est incontestable.

La loi vous accorde le cinquième tant du principal que des centimes additionnels ; le trésor public ne doit faire sacrifice que du cinquième du principal. Le cinquième des centimes additionnels doit être à la charge des municipalités et communes.

Ainsi, dans toute décharge ou réduction accordée, la commune perd en proportion de ce que perd le trésor public, et c'est un motif de plus de mettre une sage économie dans l'emploi du fonds de non-valeurs, en ne laissant cependant subsister aucune taxe qui excéderoit les proportions déterminées par la loi.

Le 2 brumaire an 7.

Le Ministre des Finances, aux Commissaires du directoire exécutif agens généraux des contributions directes.

Je vous envoie, citoyen, un exemplaire de la lettre instructive que je viens d'adresser à l'administration centrale du département, pour l'exécution de la loi du 7 du mois dernier, relative aux décharges et réductions de la contribution personnelle de l'an 5 et de l'an 6.

J'ai pensé qu'il étoit indispensable que vous eussiez connoissance des dispositions qu'elle renferme.

Vous devez, au surplus, vous conformer exactement à la marche tracée par la loi du 22 brumaire, qui a établi l'agence des contributions.

Le 12 brumaire an 7.

Le Ministre des Finances, aux Administrateurs du departement de la Loire inférieure.

L'ARTICLE 1er., citoyen, de la loi du 7 vendémiaire dernier, relative aux décharges et réductions de la contribution personnelle de l'an 5, porte que tout contribuable qui sera dans le cas de réclamer, joindra à sa pétition la déclaration prescrite par l'article XI de la loi du 14 thermidor an 5.

Il paroit qu'il s'est élevé dans votre département quelque doute sur le véritable sens de cet article, et le commissaire agent général desire une décision qui fixe toute incertitude.

Le but du législateur, citoyens, en exigeant du contribuable une déclaraiion, a été de mettre les corps administratifs à portée de connoître ses facultés, de s'assurer si sa cotte est dans une juste proportion, et de n'accorder un dégrèvement qu'à ceux qui y ont légitimement droit.

Ainsi, ou le contribuable a fourni dans le temps, en exécution de la loi du 14 thermidor, une déclaration exacte et détaillée de ses revenus, ou il ne l'a point fournie.

Dans le premier cas, il pourra, dans sa pétition, se référer à la déclaration qu'il a faite, ou en joindre une copie.

Dans le second cas, il est indispensable qu'il fasse une déclaration et qu'il la joigne à son mémoire. Cette déclaration, au surplus, devra énoncer fidèlement les revenus et les facultés dont il jouissoit en l'an 5; elle devra être telle qu'elle auroit été si elle eût été faite à l'époque fixée par la loi du 14 thermidor.

Ces renseignemens, citoyens, suffiront sans doute pour faire cesser les difficultés qui se sont élevées à ce sujet; vous voudrez bien les transmettre aux administrations municipales de canton: j'en donnerai connoissance au commissaire agent général.

Loi du 24 germinal an 6, relative aux transports de contributions à raison de l'augmentation ou de distraction du territoire.

Le Conseil des Anciens, adoptant les motifs de la déclaration d'urgence qui précède la résolution ci-après, approuve l'acte d'urgence.

Suit la teneur de la déclaration d'urgence, et de la résolution du 14 germinal:

Le Conseil des Cinq-cents, considérant qu'il a été distrait, par différentes lois, des portions de territoire d'un grand nombre de communes ou de cantons, pour les ajouter à d'autres communes ou à d'autres cantons; qu'il a même été distrait des portions importantes de certains départemens pour les réunir à d'autres; et qu'il est instant de faire jouir les communes, les cantons et les départemens qui ont éprouvé des réductions de territoire, d'une réduction proportionnelle de leurs contributions de l'an 5 et de l'an 6,

Déclare qu'il y a urgence.

Le conseil, après avoir déclaré l'urgence, prend la résolution suivante:

Art. 1er. Dans les départemens où il a été distrait quelque commune, ou partie de commune, d'un canton, pour la réunir à un autre canton du même département, l'administration centrale est chargée de transporter, par un arrêté qu'elle prendra dans le plus bref délai, si fait n'a été, sur le canton auquel la réunion a été faite, le montant des contributions foncière, personnelle, mobilière et somptuaire que la commune ou partie de commune réunie auroit dû supporter, pour l'an 5 et l'an 6, dans le canton dont elle a été séparée, et de dégrever d'autant ce dernier canton.

II. Les administrations municipales procéderont de même dans le plus court délai, relativement aux distractions et réunions de territoire qui ont eu lieu, de commune à commune, dans le même canton : leurs arrêtés, à cet égard, ne seront exécutés qu'après le *visa* des administrations centrales, qui pourront les rectifier, si le cas y échoit.

III. Le directoire exécutif est chargé de faire pareil transport de contributions d'un département à l'autre, si la distraction d'une ou de plusieurs communes, parties de communes ou cantons, a opéré une réunion à un autre département.

IV. Tout transport de contributions en exécution des articles ci-dessus, sera fait en principal et centimes additionnels, et d'après la répartition existante.

V. La présente résolution sera imprimée.

Signé Pison du Galland, *président*; Duchesne, Garnier (de Saintes), Boullé (du Morbihan), *secrétaires*.

Après une seconde lecture, le Conseil des Anciens approuve la résolution ci-dessus. Le 24 germinal, an 6 de la république française.

Signé P. C. L. Baudin (des Ardennes), *ex-président*; J. Artaud, J. N. Topsent, *secrétaires*.

Le 17 fructidor an 6.

Le Ministre des Finances, aux Administrations centrales des départemens.

La loi du 24 germinal dernier, citoyens, relative au transport des contributions à raison de distraction ou d'augmentation de territoire, a dû fixer votre attention.

Les deux premiers articles concernent les transports de canton à canton, et ceux de commune à commune; vous êtes chargés de ces opérations intérieures, et je vous serai obligé de me rendre compte de ce que vous aurez fait pour l'exécution de la loi.

L'article III charge le directoire exécutif des transports à faire de département à département.

Il existe, citoyens, dans différentes parties de la République, des difficultés, qui remontent même à 1791, sur deux communes réclamées par deux départemens; il en est sur lesquelles des lois particulières ont réglé le département dont elles feroient définitivement partie; d'autres sur lesquelles il n'a point été prononcé : cependant, imposées des deux côtés, elles n'ont payé que dans un endroit, et le trésor public est en souffrance. Je sais même que quelques administrations centrales présentent ces contestations comme un des obstacles à l'apurement de leur arriéré.

Il est temps, citoyens, de faire cesser toutes ces difficultés. Je vous demande, en conséquence, de me marquer, le plus promptement possible, s'il se trouve dans votre ressort quelque commune ou partie de commune réunie à un des départemens voisins, ou réclamée, ou imposée par lui, ou sur laquelle il auroit élevé quelques prétentions.

Vous aurez soin de bien préciser le cas où se trouveroit chacune de ces communes, d'analyser tout ce qui se seroit passé à leur égard, de rapporter les décisions ou les lois qui seroient intervenues, de présenter clairement l'état actuel de la question, et de proposer les moyens de la résoudre de manière à faire disparoître tous les obstacles qui pourroient retarder le recouvrement.

Si votre ressort présentoit plusieurs communes qui fussent dans des hypothèses différentes, vous voudriez bien traiter séparément les objets absolument dissemblables.

Aussitôt que votre réponse me sera parvenue, je m'empresserai, s'il y a lieu, de prendre les décisions du directoire exécutif.

Arrêté du Directoire exécutif, sur le mode et l'ordre de paiement des ordonnances délivrées pour secours, dégrèvemens, dépenses départementales, etc. (du 13 fructidor.)

Le directoire exécutif, après avoir entendu le rapport du ministre des finances sur le mode et l'ordre des paiemens des ordonnances délivrées pour les secours, indemnités, dégrèvemens, supplément des dépenses départementales, administratives et judiciaires, et frais de l'agence des contributions directes,

Arrête :

Art. Ier. L'ordre de priorité pour les paiemens des ordonnances ci-dessus mentionnées, sera accordé à celles qui concernent les traitemens, salaires, et les dépenses départementales.

II. Les ordonnances délivrées sur les départemens dont le produit des centimes additionnels présente un recouvrement fait ou à faire suffisant pour y faire face, ne pourront être acquittées qu'avec le montant de cette rentrée, sans qu'en aucun cas il puisse être rien pris sur le principal.

III. Lorsque plusieurs ordonnances parviendront en même-temps aux administrations centrales, ou que les premières n'auront point été soldées lorsque les subséquentes arriveront, le produit des centimes additionnels sera partagé, pour leur acquit, de manière que les parties prenantes se trouvent avancées l'une autant que l'autre, autant que faire se pourra.

IV. Le paiement des ordonnances de supplément pour les dépenses départementales, délivrées par le ministre de l'intérieur, sera fait par déduction sur les rentrées du principal, d'après la proportion qui sera réglée par les commissaires de la trésorerie nationale, sur le marc la livre du principal demandé et du supplément accordé ; de manière que, s'il est accordé un supplément de cinquante mille francs à un département dont le principal est d'un million, l'administration centrale sera autorisée à retenir cinq centimes par franc sur les rentrées du principal pour le paiement de l'ordonnance délivrée.

V. Les commissaires de la trésorerie nationale recevront, comme recette ordinaire, l'excédant des départemens sur leurs centimes additionnels, sauf à en tenir compte pour s'assurer que les ordonnances de supplément n'en excèdent pas le montant.

VI. Les ministres de la justice, de l'intérieur, et des finances, et les commissaires de la trésorerie nationale, sont chargés de l'exécution du présent arrêté, qui sera imprimé dans le bulletin des lois.

Le 7 vendémiaire an 7.

Le Ministre des Finances aux administrations centrales des départemens.

La loi du 15 frimaire an 6, citoyens, relative aux dépenses départementales, a rencontré, dans son exécution, quelques difficultés qui viennent d'être levées par un arrêté du directoire exécutif du 23 du mois dernier.

Quelques administrations départementales ont pris sur le principal des contributions pour satisfaire à leurs dépenses; d'autres ont cru pouvoir employer aux dépenses municipales une partie des fonds du département; d'autres, à qui le produit recouvré des centimes additionnels ne suffisoit pas pour toutes les dépenses du département, ont payé les dépenses administratives de préférence aux dépenses judiciaires; il en est enfin qui se sont trouvées embarrassées sur la manière de jouir du supplément que le ministre de l'intérieur leur avoit assigné. L'arrêté du 23 fructidor dernier statue sur tous ces points, et établit des principes clairs qui feront disparoître tous les embarras et toutes les incertitudes.

Pour traiter cet objet avec ordre, je parlerai d'abord des départemens dont les centimes additionnels excèdent les dépenses, et ensuite de ceux qui ont besoin d'un supplément.

L'article XXII de la loi du 15 frimaire an 6, destine aux dépenses départementales les 8 centimes trois quarts sur les 15 centimes additionnels du principal. L'administration centrale de ceux des départemens

mens dont ces 8 centimes trois quarts excèdent les dépenses, ne peut acquitter les ordonnances soit du ministre de la justice, soit du ministre de l'intérieur, que sur le produit *recouvré* de ces 8 centimes trois quarts additionnels.

Ainsi un département qui a un contingent de......... 4,000,000 f.
Plus 15 centimes 600,000

TOTAL............ 4,600,000 f.

a pour ses 8 centimes trois quarts 350,000 f., et ses dépenses n'étant que de 200,000 f, il a dès-lors un excédant.

S'il n'a recouvré que 1,500,000 f. en principal et centimes additionnels, chaque franc étant composé de 115 centimes, il doit diviser cette somme par 115; et le quotient, de 13,043 f. 47 c. donne le produit d'un centime qui, multiplié par 15, donne pour les 15 centimes additionnels 195,652 f., dont 8 centimes trois quarts font 114,130 f. 37 c.

Je suppose que ce département ait reçu du ministre de la justice un crédit de .... 50,000 f.
et de celui de l'intérieur.............................. 100,000.

TOTAL .... 150,000 f.

il a, d'après le nouvel arrêté, deux choses à observer :

1°. Il ne peut des 150,000 f. acquitter que 114,130 f. 37 c., et doit, pour payer le surplus, attendre la rentrée de nouveaux centimes additionnels.

2.° Il doit diviser les 114,130 f. 37 c. disponibles entre les diverses espèces de dépenses par proportion égale, de manière que les dépenses judiciaires, formant le tiers de la somme totale, aient le tiers de la somme disponible, et les dépenses administratives, formant les deux tiers, en aient les deux tiers. La même proportion doit se conserver dans les dépenses de détail : ainsi, si les traitemens des administrateurs y entrent pour un trentième, les écoles centrales pour un quarantième, chacune de ces parties doit jouir d'un trentième, d'un quarantième de la somme disponible.

Enfin une troisième observation à faire par les départemens qui ont un excédant sur leurs 8 centimes trois quarts, c'est que, quand ils ont acquitté toutes leurs dépenses, le surplus de ces 8 centimes trois quarts appartient, suivant l'article 23 de la loi du 15 frimaire an 6, au trésor public, et les administrations centrales ne peuvent pas, comme quelques-unes l'avoient pensé, s'en servir pour aider les administrations municipales ou les communes.

Je passe actuellement aux départemens dont la totalité des 8 centimes trois quarts ne suffit pas pour acquitter leurs dépenses, et qui sont dès-lors dans le cas d'obtenir un supplément suivant l'article 24 de la loi du 15 frimaire an 6 : c'est à ces départemens que s'applique l'article 4 de l'arrêté du directoire exécutif du 23 fructidor dernier.

L'opération indiquée par cet article consiste à réunir le supplément accordé avec le produit des 8 centimes trois quarts, à calculer la proportion de cette somme totale avec le principal du contingent, et à fixer ensuite, d'après cette nouvelle proportion, la somme dont le département peut disposer sur ses rentrées successives.

EXEMPLE.

Un département a un contingent de............... 800,000 f.
15 centimes additionnels.......................... 120,000.

TOTAL......... 920,000 f.

Ses dépenses s'élèvent à.......................... 160,000 f.
Ses 8 centimes trois quarts ne donnent que......... 70,000.

Ainsi il lui revient un supplément de.............. 90,000 f.

Les 8 centimes trois quarts qui lui appartiennent, et le supplément qu'il obtient montent ensemble à 160,000 f. On calcule que cette somme forme les 18 centimes et demi du contingent total : alors l'administration centrale de ce département est autorisée à employer à ses dépenses non plus les 8 centimes trois quarts de ce qu'elle recouvre, mais les 18 centimes et demi de ses rentrées successives. Cette opération se réduit donc à une nouvelle fixation des centimes additionnels dont elle peut successivement disposer.

Il est clair que si un département avoit un contingent de. 200,000 f.
15 centimes.. 30,000.

TOTAL............ 230,000 f.

et que ses dépenses s'élevassent à 115,000 f. la proportion étant de 50 centimes ou moitié, il seroit autorisé à retenir la moitié de ses rentrées successives ;

Que si les dépenses de ce même département s'élevoient à 230,000 f. et égaloient son contingent, il disposeroit de la totalité de ses rentrées ;

Et qu'enfin, si, comme ceux de la ci-devant Corse, ses dépenses excédoient sa contribution foncière, on auroit à lui faire passer des secours effectifs.

Il est essentiel de remarquer qu'une fois cette proportion réglée pour chaque département, chacun d'eux doit observer ce qui a été dit dans la première partie de cette lettre.

1°. Le département à qui on alloue 18 centimes et demi, ne doit jamais dépenser au-delà des 18 centimes et demi de ses rentrées successives ; et si, à une époque quelconque, les 18 centimes et demi recouvrés ne s'élevoient qu'à 100,000 f., et qu'il eut un crédit de 120,000 f., il ne devroit payer que 100,000 f., et attendre de nouvelles rentrées pour le surplus.

2°. S'il n'a, à une époque quelconque, recouvré en 18 centimes et demi qu'une portion des crédits ouverts par les ministres de la justice et de l'intérieur, il ne doit pas préférer une dépense à une autre, mais donner à chacune des à-comptes proportionnels.

Telles sont, citoyens, dans l'arrêté du directoire exécutif du 23 fructidor, les dispositions qui intéressent le ministre des finances, et sur lesquelles j'avois des instructions à donner aux administrations centrales. Le ministre de l'intérieur fera connoître à chacune d'elles sa position particulière, et règlera les nouveaux centimes dont pourront disposer celles qui ont droit à un supplément.

Il me reste à vous observer que l'article premier de l'arrêté ne concerne que le fonds de non-valeurs, et que c'est à la trésorerie nationale à s'occuper de son exécution.

Loi relative à la perception d'un à-compte sur les contributions directes de l'an 7, du 13 vendémiaire.

Le conseil des anciens, adoptant les motifs de la déclaration d'urgence qui précède la résolution ci-après, approuve l'acte d'urgence.

Suit la teneur de la déclaration d'urgence et de la résolution du 7 vendémiaire.

Le conseil des cinq-cents, après avoir entendu le rapport de la commission des finances sur le message du directoire exécutif, du troisième jour complémentaire dernier;

Considérant que les rôles des contributions directes de l'an 7 ne sont pas encore en recouvrement, et que cependant il importe d'assurer sans délai le service public,

Déclare qu'il y a urgence.

Le conseil, après avoir déclaré l'urgence, prend la résolution suivante :

Art. I. Aussitôt la publication de la présente loi, il sera perçu sur les rôles servant au recouvrement des contributions directes de l'an 6, à compte des contributions directes de l'an 7, un décime par franc sur la contribution foncière, et un décime également par franc sur les trois cinquièmes de la contribution personnelle, mobilière et somptuaire.

II. La destination du décime recouvré en vertu de l'article précédent, est réglée ainsi qu'il suit: huit centimes seront réservés au trésor public; un centime servira à l'acquittement des dépenses départementales; et le centime restant sera affecté aux dépenses municipales.

III. Le mode de paiement et de comptabilité des centimes affectés par l'article précédent, sera le même que celui prescrit par la loi du 15 frimaire dernier pour les centimes additionnels affectés aux dépenses départementales et municipales.

IV. La même perception aura lieu chaque mois, jusqu'à la confection et la mise en recouvrement des rôles des contributions directes de l'an 7.

Le 28 vendémiaire an 7.

Le Ministre des Finances aux Administrations centrales des départemens.

La loi du 13 de ce mois, citoyens, ordonne une perception provisoire à compte des contributions foncière et personnelle de l'an 7, en attendant que les rôles de ces contributions puissent être formés.

Cet à-compte est, pour la contribution foncière, d'un décime par franc, ce qui revient à deux sous pour livre. Il doit être perçu sur les rôles qui ont servi à la perception de l'an 6, et se répéter tous les mois jusqu'à la confection des rôles définitifs.

La loi du 9 vendémiaire an 5 ordonnoit que la perception de l'an 6 se feroit sur le rôle de l'an 5, en retranchant un vingtième sur chaque cote; il est des communes où le rôle a été réexpédié pour l'an 6, d'autres où le percepteur en a fait une copie pour la facilité de ses calculs et de ses émargemens; mais dans tous les cas, c'est de la cote de l'an 6, c'est-à-dire, celle de l'an 5 moins un vingtième, que le percepteur doit partir pour demander un décime à chaque contribuable.

Pour que le percepteur puisse faire cette recette avec ordre, et que l'administration soit à même de la surveiller, voici le moyen qui m'a paru le plus simple et le plus expéditif:

Il devra être formé, pour chaque commune, un cahier sur lequel le premier article du rôle de l'an 6 sera transcrit comme il suit:

Le citoyen		
Taxe de l'an 5 en principal et centimes additionnels........................	100 f.	
Vingtième déduit....................	5.	
Taxe de l'an 6........................	95	
Décime provisoire de l'an 7............		9 f. 50 c.
Reçu pour le mois de vendémiaire		

Reçu pour le mois de brumaire.
etc.
etc.

La même opération se répétera à chaque article.

Vous pourriez, citoyens, faire imprimer des feuilles toutes préparées, sur lesquelles il ne resteroit qu'à porter les noms et les sommes, et vous marqueriez à chaque administration municipale de faire porter devant elle, et en présence du precepteur, les noms et les sommes par le commissaire du directoire exécutif agent particulier des contributions directes. Cette opération, aussi facile que rapide, ne doit pas entraîner le moindre délai; le commissaire agent particulier pourra se faire seconder dans ce travail, et vous recommanderez aux administrations municipales de prendre toutes les mesures nécessaires pour que tous ces dépouillemens soient faits presque en même tems et terminés dans le cours d'une décade pour toutes les communes, pour que chaque percepteur puisse commencer sur-le-champ son recouvrement, et faire rentrer dans le mois le premier décime pour franc de toutes les cotes.

La marche que je viens de vous tracer pour la contribution foncière, s'adapte à la contribution personnelle, avec cette différence que le décime pour franc ne doit plus être perçu sur la taxe de l'an 6, mais seulement sur les trois cinquièmes de cette taxe; le motif en est que la contribution personnelle de l'an 6 étoit de 50 millions, tandis que celle de l'an 7 est réduite à 30 millions, c'est-à-dire aux trois cinquièmes.

Pour plus de célérité encore, au lieu de prendre les trois cinquièmes de l'an 6, ce qui exige trois calculs assez longs, on peut prendre la moitié de l'an 5, ce qui revient au même, 30 millions étant la moitié de 60 millions, montant de la contribution personnellé de l'an 5.

Alors le cahier d'à-compte de chaque commune seroit formé comme il suit:

Le citoyen
Taxe de l'an 5 en principal et centimes
additionnels.................... 100 f.
Moitié.......................... 50
Décime provisoire............... 5

Je joins ici deux modèles de cahiers d'à-comptes pour les deux contributions. Veuillez bien les faire réimprimer sur-le-champ, et les envoyer le plus promptement possible aux administrations municipales avec toutes les instructions nécessaires.

La loi du 13 de ce mois, citoyens, a eu pour objet de pourvoir, pour l'an 7, non-seulement aux dépenses générales de la république, mais encore aux dépenses départementales et aux dépenses municipales et communales. L'article II porte que des dix centimes que comprend chaque décime provisoire, huit appartiendront au trésor public, un au département, et un aux municipalités et communes.

Ainsi, un percepteur qui aura reçu 1,000 fr., devra conserver le dixième, ou 100 f. pour les dépenses municipales et communales, et verser 900 f. au préposé, qui remettra cette somme au receveur général; ce dernier retiendra 100 f. pour vos dépenses, et versera les 800 f. au trésor public.

Les corps administratifs, citoyens, sont donc intéressés à ce recouvrement provisoire, et je vous demande de me donner, sous très-peu de jours, l'assurance que la loi a reçu son exécution.

Le 22 brumaire an 7.

Le Ministre des Finances, aux administrateurs des départemens.

Quelques administrations centrales de département, citoyens, m'ont fait part du refus que faisoient un assez grand nombre de percepteurs des années 5 et 6, de se charger de la perception de l'à-compte provisoire sur l'an 7, et m'ont demandé quelle marche elles devoient suivre.

L'administration centrale du département de l'Eure dans lequel cette difficulté s'est présentée, a cru devoir faire procéder à de nouvelles adjudications au rabais, de la perception de cet à-compte.

Vous verrez par les dispositions de cet arrêté dont un exemplaire est ci-joint, que le percepteur de cet à-compte se trouvera percepteur définitif des contributions directes de l'an 7; qu'il aura dès à présent une caution, que les intérêts du trésor public seront dès-lors parfaitement à couvert, et qu'aucun retard ne sera d'ailleurs apporté au recouvrement, puisque ces nouvelles adjudications auront lieu dans le tems qui sera employé à la confection des rôles provisoires. J'ai, sous ces rapports, cru devoir approuver cet arrêté.

Vous jugerez sans doute utile et nécessaire d'adopter la même mesure, mais il importeroit alors qu'un seul moment ne fût pas perdu, et que partout il y eût de nouveaux adjudicataires dans le plus court délai possible.

Vous voudrez bien, citoyens, ne pas me laisser ignorer le parti que vous aurez pris à cet égard.

Extrait des Registres de l'administration centrale du département de l'Eure, du 4 brumaire an 7 de la République française.

L'ADMINISTRATION centrale du département de l'Eure, considérant que la loi du 13 vendémiaire an 7 a ordonné qu'il seroit perçu à compte sur les contributions foncière, mobilière, personnelle et somptuaire de l'an 7, un décime ou deux sous par franc tant du principal que des centimes additionnels; savoir, pour le foncier, sur le rôle de l'an 6, et pour le personnel et le mobilier, sur les trois cinquièmes aussi du rôle de l'an 6, lesquels trois cinquièmes équivalent à la moitié de cette contribution de l'an 5.

Considérant que cette loi et l'instruction du ministre du 28 vendémiaire dernier, n'indiquant point par qui cette perception sera faite, il devient urgent de le déterminer.

Considérant que les percepteurs des années 5 et 6 n'ont pas encore, pour la plupart, exécuté les dispositions de la loi du 9 vendémiaire an 6, qui les obligeoit à un décompte avec chaque contribuable; que, chargés du recouvrement de plusieurs exercices, ce seroit entraver la perception ordonnée chaque mois par la loi du 13 vendémiaire, que de leur confier le recouvrement des rôles provisoires;

Considérant qu'aucun retard ne sera apporté dans le recouvrement par de nouvelles adjudications, puisqu'elles auront lieu pendant le délai qui sera employé à la confection des rôles provisoires;

Considérant que déjà plusieurs administrations municipales ont informé l'administration centrale que divers percepteurs ne pouvoient faire le recouvrement des à-comptes de l'an 7 ; que d'ailleurs ce seroit compromettre les intérêts du gouvernement, de cumuler dans les mêmes mains les deniers de trois exercices ; qu'il en résulteroit des lenteurs dans le recouvrement, et peut-être des pertes à éprouver par les infidélités des percepteurs et l'insolvabilité de leurs cautions, ces exemples n'étant déjà que trop communs ;

Considérant enfin qu'il en résultera moins de confusion dans la comptabilité des percepteurs et des receveurs,

A arrêté, le commissaire du directoire exécutif entendu :

Article 1er. Les administrations municipales de l'arrondissement, à la réception du présent, s'occuperont de l'adjudication au rabais de la perception des rôles d'à-comptes ordonnés par la loi du 13 vendémiaire dernier.

II. Cette adjudication sera faite pour chaque commune de leurs arrondissemens respectifs, suivant et conformément aux dispositions de la loi du 30 prairial an 5.

III. Quoique le contingent définitif de chaque commune ne soit pas déterminé, l'adjudication ne peut éprouver de difficulté, puisqu'il ne s'agit que de fixer, d'après les affiches et criées au rabais, quelle sera la remise à toucher par franc, par chaque percepteur.

IV. Les administrations municipales sont tenues, sous leur responsabilité, d'exiger des percepteurs de chaque commune une caution bonne et solvable, conformément à l'article IV de la loi du 2 octobre 1791, (*vieux style*) ; elles prendront pour base de ce cautionnement, le montant, dans chaque commune, du rôle de la contribution foncière de l'an 6, et la moitié de celui de la contribution personnelle, mobilière et somptuaire de l'an 5.

V. Ces adjudications auront lieu pendant la confection des rôles provisoires, et après avoir été affichées dans chaque commune, et le jour fixé pour l'adjudication, indiqué et proclamé de manière que chaque contribuable ne puisse l'ignorer.

VI. Les agens et adjoints municipaux ne peuvent être percepteurs ; il y a incompatibilité dans ces fonctions, d'après les dispositions des lois rapportées dans l'arrêté de l'administration centrale, du 18 frimaire an 5.

VII. Chaque administration municipale adressera à l'administration centrale, pour le 15 frimaire prochain, le tableau du taux des remises revenant à chaque percepteur des communes de son arrondissement.

VIII. Le présent sera imprimé, et envoyé à toutes les administrations municipales, lesquelles en accuseront la réception.

Paris, le 7 brumaire an 7.

Le ministre des finances, aux commissaires du directoire exécutif, agens généraux des contributions directes.

Je n'ai pu, citoyens, dans la distribution des remises du premier semestre de l'an 6, mettre toute la précision que j'aurois desiré, et graduer ces remises dans une proportion parfaitement juste, d'une part avec l'étendue et la consistance de l'arrondissement de chaque commissaire agent particulier, et de l'autre avec les travaux qu'il a réellement fournis.

Pour parvenir à ce but dans la distribution des remises du dernier semestre de l'an 6, j'ai adopté un nouvel état distribué en trois parties.

La première indiquera, en quatre colonnes, les noms des cantons, leur consistance, en nombre des communes et d'articles de rôles, et la quotité de la remise dont chaque canton seroit susceptible, calculée pour l'année entière, et abstraction faite des considérations personnelles aux agens particuliers.

La deuxième partie, divisée en cinq colonnes, présentera les noms des agens et de ceux seulement en place pendant le cours des six derniers mois de l'an 6; le tems pendant lequel chaque agent aura été en place dans ce même semestre; l'analyse du nombre des matrices, ou d'états de changemens et des autres travaux faits par chacun d'eux, vos observations sur leur zèle, leur capacité et leur assiduité, et enfin la remise que vous proposerez pour le dernier semestre de l'an 6.

Les deux dernières colonnes, formant la troisième partie de l'état, doivent rester en blanc pour être remplies par moi.

Vous voyez, citoyens, que la première partie de cet état doit contenir autant d'articles qu'il y a d'administrations municipales dans votre département; mais que dans la deuxième partie, si un canton a eu, dans le cours des six derniers mois, deux ou trois commissaires, ils doivent former deux ou trois articles différens.

Je vous prie de mettre beaucoup de soin à la formation de cet état : c'est par une juste distribution des récompenses que l'on encourage le zèle et le mérite.

Je vous rappellerai ce que je vous ai marqué lors des premières remises, que je suis déterminé à n'en allouer aucune par-tout où tous les rôles des deux contributions de l'an 5 ne seront pas faits et en recouvrement.

Le 23 vendemiaire an 7.

Le Ministre des Finances, aux Commissaires du Directoire exécutif, Agent général des contributions directes du département de

Le directoire exécutif est informé, citoyen, que les fonds provenant de la recette des contributions restent dans les caisses des percepteurs de communes, des préposés d'arrondissement et des receveurs de départemens; il a acquis la certitude qu'il existe à Paris une compagnie qui a proposé une opération qu'elle auroit faite avec les propres fonds du gouvernement, restés dans les différentes caisses.

Un abus aussi scandaleux, citoyen, doit exciter toute votre sollicitude : le directoire m'a chargé de vous marquer qu'il en rendoit personnellement responsable l'agence des contributions; que les commissaires agens particuliers surveillent les percepteurs et vérifient leurs recettes à des époques rapprochées; que l'inspecteur multiplie ses tournées chez les préposés; que l'administration centrale exerce enfin la plus sévère surveillance sur la caisse du receveur général.

Un second objet, citoyen, a frappé vivement le directoire exécutif. Les contributions de chaque année sont payables dans le cours même de l'année : telle est la loi ; elle doit être exécutée, et le directoire a fortement résolu de parvenir à cette exécution. Je mets encore cet objet sous la responsabilité de ses commissaires. Il vous charge de requérir sur-le-champ l'administration centrale de faire rentrer toutes les contributions directes dues jusqu'à ce jour ; de concourir avec les administrateurs à rendre plus utiles leurs séances des jours impairs, qui sont employées à des affaires particulières, au lieu de l'être à des mesures générales.

Enfin, le troisième objet de cette lettre est de faire exécuter dans toute sa rigueur l'article II de la loi du 17 brumaire an 5, qui porte que les percepteurs porteront, jour par jour, sur un relevé, les paiemens qui leur seront faits, feront clorre ce relevé par l'agent de la commune, ou par le commissaire près la municipalité, tous les dix jours au moins, et la veille de leur versement ; et que la quittance du préposé ne pourra être donnée qu'au bas de ce relevé.

Vous ferez, citoyen, un réquisitoire à l'administration centrale pour qu'elle donne sur-le-champ à toutes les administrations municipales les instructions les plus précises pour la pleine et entière exécution de cette disposition. Vous enjoindrez, de votre côté, de la manière la plus formelle, aux préposés, de ne jamais donner de quittance à un percepteur autrement qu'au bas du relevé de ses recettes, arrêté par l'agent de la commune.

Le 16 brumaire an 7.

Le Ministre des Finances, aux Commissaires du Directoire exécutif Agens généraux des contributions directes.

J'AI à me plaindre, citoyen commissaire, 1°. de ce qu'un commissaire agent général (celui de la Gironde) ne m'a point encore fait connoître sa situation à l'époque du dernier jour des complémentaires de l'an 6; 2°. de ce que seize départemens ne m'ont pas encore envoyé, ou ne l'ont fait que d'une manière irrégulière, le tableau de la situation, à la même époque, de tous les exercices arriérés; 3°. de ce que vingt-six départemens seulement ont apuré l'arriéré antérieur à l'an 5, tandis que les autres doivent encore une somme de 35,000,000 fr. environ: celui des Bouches-du-Rhône redoit plus du quart de cette somme; viennent ensuite ceux de la Seine, de Seine-et-Oise, de la Gironde, de la Haute-Garonne, de l'Oise, etc.; 4°. de ce qu'un département (celui du Mont-Terrible) a donné le bel exemple d'avoir tout soldé, même l'exercice de l'an 6, à l'expiration de cette année, et de ce qu'aucun autre ne l'a imité. Mais j'ai à me plaindre sur-tout de ce que, depuis le commencement de l'an 7, les recouvremens se ralentissent d'une manière qui contraste autant avec ce que l'époque où nous sommes promettoit, qu'avec l'obligation des préposés aux recettes et des fonctionnaires publics qui doivent les surveiller.

L'exercice de l'an 7 commence; les rôles provisoires pour les à-comptes doivent être mis en recouvrement; et cependant quelques départemens ont à se faire le reproche d'avoir laissé subsister un arriéré qui grève les citoyens, surcharge les bureaux, complique la correspondance, et fait qu'on ne peut rien terminer. Si les lois avoient été ponctuellement exécutées (et il étoit de votre devoir d'y tenir la main), nous n'aurions plus d'arriéré, l'exercice de l'an 5 seroit soldé; il devroit en être de même de celui de l'an 6; le crédit public se seroit établi par la ponctualité des paiemens; les fonctionnaires, dont le traitement est arriéré de plus de six mois sur quelques points, auroient reçu leurs rétributions; le ministre de l'intérieur auroit pu accorder des secours aux hospices, etc. A qui devons-nous nous en prendre, si nous sommes privés des avantages que des recouvremens ponctuels nous auroient procurés, et si nous sommes exposés aux fâcheux résultats d'une chance contraire! nous devons en imputer la faute à ceux qui ont ainsi négligé leurs obligations, et manqué à la confiance que le gouvernement avoit placée en eux. On devoit espérer que le délai d'une année auroit suffi pour mettre de l'ordre dans la partie des contributions directes, et pour mettre leur recouvrement à jour : tous les délais sont aujourd'hui passés; et je partagerois la faute de ceux qui ont des reproches à se faire, si je différois plus long-temps d'appliquer les peines que les lois ont prononcées. Cette détermination est une justice que je dois aux départemens qui ont rempli leurs engagemens : si je n'usois pas de sévérité envers les autres, ils seroient de meilleure condition, et cela ne doit pas être.

Je dois, citoyen, tenir d'autant plus à l'exécution des mesures dont je vais vous faire part, que des renseignemens multipliés me prouvent que le défaut de rentrée doit être plutôt imputé au divertissement des deniers publics, à l'infidélité des percepteurs, à l'insouciance des préposés, à la torpeur des receveurs, qu'à la bonne volonté des contribuables. Si votre département est dans l'un des cas auxquels cette lettre s'applique, transportez-vous avec un administrateur du département chez le receveur général; faites-vous rendre compte de la situation de chaque commune; il doit la connoître : et vous verrez que l'arriéré se forme de sommes dues par un percepteur qui a volé sa caisse; par un autre qui n'a pas compté peut-être depuis six mois ; par un autre qui n'a pas versé son papier-monnoie qu'il avoir reçu, et sur lequel il avoit agioté; par un autre qui a négligé de demander aux acquéreurs de domaines nationaux la contribution due pour leurs nouvelles propriétés; par un autre qui ne retrouve plus le contribuable, ou qui ne le retrouve plus qu'insolvable, tandis que la cote eût été payée si la demande en avoit été faite à temps. On ne peut laisser subsister un pareil état de chose, sans se déclarer fauteur et complice de ces abus.

J'ai la conviction, citoyen commissaire, que vous êtes l'ennemi des manœuvres pratiquées jusqu'à ce jour pour retarder le paiement des contributions; j'ai la conviction que vous voulez, comme moi, que les contribuables se mettent à jour pour leurs propres intérêts. Voici les mesures dont je vais faire usage pour atteindre ce but :

1°. A compter du jour où cette lettre vous sera parvenue, je priverai sans rémission, de leur traitement, tous les agens généraux des contributions qui ne se piqueront pas de la même exactitude que par le passé, sur l'envoi de leurs bordereaux décadaires.

2°. Je suspendrai le paiement de la rétribution des inspecteurs des contributions de tous les départemens qui n'ont ni terminé leurs rôles, ni soldé tout l'arriéré antérieur à l'an 5.

3°. Je déclare les receveurs des départemens et leurs préposés, déchus de toutes remises sur ce qui restera dû tant sur le grand arriéré que sur l'exercice de l'an 5, au 30 frimaire prochain.

Je vous charge, en conséquence, de faire constater leur situation à cette même époque, et de requérir contre eux l'application de cette peine, infligée par la loi du 17 brumaire an 5.

4°. Je déclare, et je vous charge d'en prévenir le receveur, que je demanderai au directoire exécutif le remplacement de ceux qui, dans le courant du mois de nivôse, n'auront pas fait solder tout l'arriéré et tout l'exercice de l'an 5.

5°. Je déclare que je priverai les receveurs de leurs remises, à l'époque du 1er. pluviôse prochain, sur tout ce qui sera dû pour l'exercice de l'an 6; et que le 1er. ventôse, je demanderai ensuite le remplacement de tous ceux qui n'auront pas fait solder tout cet exercice; le tout sans préjudice des poursuites à exercer sur leurs biens et sur ceux de leurs cautions.

6°. Je déclare que je priverai de leurs remises pour le quart de l'exercice de l'an 7, les receveurs qui, le 30 nivôse prochain, n'auront pas fait acquitter les trois dixièmes d'à-compte ordonnés par la loi du 13 vendémiaire dernier.

Je ne m'écarterai point de cette détermination; elle est conforme à la loi, et je trahirois mon devoir si je ne la faisois point exécuter. Je vous charge expressément d'en informer le receveur: je n'admettrai en déduction des sommes non rentrées et dont je ne lui imputerai point le retard, que les articles à l'égard desquels les corps administratifs certifieront que la décharge doit être accordée.

Celui qui, dans les circonstances présentes, ne s'empresse point de payer ses contributions, est un ennemi de la patrie. Les préposés aux recettes, et les fonctionnaires qui doivent les surveiller, s'exposeroient aux reproches qu'on pourroit faire à ceux que je viens de désigner, s'ils ne prouvoient point au gouvernement, par des résultats, qu'ils sont animés du sentiment qui leur a concilié sa bienveillance.

Je dois dire de plus ici, que je ferai, à mon tour, les mêmes reproches à ceux qui, abusant de cettre lettre, s'en serviroient pour vexer les citoyens. Je suis informé que quelques percepteurs font marcher les garnisaires avant d'envoyer l'avertissement; que d'autres font exécuter le contribuable le jour même où il vend ses denrées au marché pour se libérer. De pareilles poursuites ne peuvent être dirigées que dans un mauvais esprit; je saurai distinguer les poursuites légales de celles qui sont faites avec l'intention de rendre le gouvernement odieux. Si ma persévérance avoit besoin d'être soutenue par des considérations, je pourrois citer les départemens qui ont le mieux acquitté leurs contributions, comme étant du nombre de ceux qui se distinguent par l'énergie de l'esprit public, et je pourrois dire que les départemens en retard sur les contributions ont besoin d'être stimulés sur tout pour se trouver au niveau des autres.

Je confie, citoyen commissaire, l'exécution des mesures portées dans cette lettre, au zèle qui vous anime; il me répond de leur succès : il est nécessaire au bien du service, et vous aimez à vous y consacrer sans réserve. Considérez que deux cent mille conscrits vont se mettre en mouvement pour aller défendre nos frontières, et qu'ils doivent trouver, dans leur marche et aux corps qu'ils doivent joindre, subsistance, solde, habillement, munitions et approvisionnemens. Ceux qui commandent les forces que nous allons combattre comptent sur les vides des caisses publiques; ils seront trompés : ils espèrent quelques victoires; ils seront vaincus.

Décision sur la question de savoir par qui seront fournis les regitres des comptes que les commissaires agens particuliers sont obligés d'ouvrir avec les préposés et les percepteurs, d'après la loi du 17 fructidor an 6.

PAR qui seront fournis les registres des comptes que les commissaires agens particuliers sont obligés d'ouvrir avec les préposés et les percepteurs, en vertu de la loi du 17 fructidor dernier; et peuvent-ils à raison de ce surcroît d'occupation, s'adjoindre un ou plusieurs employés de l'administration municipale ?

plus,

Les frais de papier et d'impression font partie des dépenses départementales, et c'est conséquement à l'administration centrale du département que les commissaires agens généraux doivent s'adresser pour obtenir les registres dont les commissaires agens particuliers ont besoin pour les nouvelles opérations qui leur sont confiées. Ils doivent, au surplus, trouver dans les remises qui leur sont allouées par la loi du 22 brumaire an 6, les moyens de suppléer au travail que la nouvelle loi leur prescrit, et qu'ils pourront aisément faire par eux-mêmes, en s'y livrant avec tout le zèle et toute l'activité qu'il exige.

(Lettre au département de la Somme, du 27 vendémiaire an 7.)

Décision sur la question de savoir dans quelle colonne l'on comprendra aux bordereaux décadaires des recouvremens, les rescriptions de la trésorerie nationale, servant à l'acquit des dix-neuf vingtièmes de l'emprunt forcé, les bons du quart délivrés aux rentiers, et les certificats remis au préposés par les percepteurs, pour la retenue des centimes additionnels.

Les rescriptions de la trésorerie nationale servant à l'acquit des dix-neuf vingtièmes de l'emprunt forcé, les bons du quart délivrés aux rentiers, et les certificats remis aux préposés par les percepteurs pour la retenue des centimes additionnels, doivent-ils être employés aux bordereaux décadaires des recouvremens dans la colonne du numéraire, ou dans celle des valeurs morales?

Toutes les valeurs, autres que le numéraire effectif, doivent être comprises dans la quatrième colonne du bordereau, qui est destinée à présenter les recettes faites en bons, coupons, ordonnances, cotes nationales.

(Lettre au département d'Ille et Vilaine, du 12 brumaire an 7).

Le brumaire an 7.

Le Ministre des Finances aux administrateurs du Département du Pas-de-Calais.

J'ai sous les yeux, citoyens, votre lettre du cinquième jour complémentaire de l'an 6.

La question qu'elle présente, consiste à savoir si un canton qui a rempli les avances à lui faites par le trésor public, peut ou non disposer des centimes additionnels qui lui restent, avant que les avances faites par les autres cantons soient pareillement remplies.

Dans un autre canton, par exemple, les sous additionnels affectés aux dépenses municipales et communales s'élèvent à 8,000 fr.

Il lui a été avancé, par le trésor public, 3,000 fr. En remplaçant ces 3,000 fr. dans la caisse du préposé, a-t-il le droit de diposer des 5,000 fr. restans ?

Le receveur général de votre département paroît d'un avis contraire, et vous desirez, à cet égard, une décision qui fixe toute incertitude.

La question que vous me déférez, citoyen, se réduit à savoir si les sous additionnels destinés au paiement des depenses municipales et communales, doivent former une masse commune pour tous les cantons d'un même département.

Si tel eût été le vœu de la loi du 9 germinal an 5, elle se seroit expliquée à cet égard d'une manière claire et positive, ainsi qu'elle l'a fait pour les sous additionnels destinés à l'acquit des dépenses départementales qui font, pour tous les départemens, une masse commune.

Mais non-seulement cette loi ne contient aucune disposition d'où l'on puisse tirer une induction favorable à l'opinion de votre receveur-général ; mais même on est d'autant plus fondé à croire que l'intention du législateur a été que les 4 sous 3 deniers affectés aux dépenses d'un canton, lui appartinssent exclusivement, qu'en cas d'insuffisance de ce fonds, elle les autorise, non pas à prendre sur les sous additionnels des cantons voisins le supplément qui leur est nécessaire, mais à se pourvoir auprès du corps législatif pour obtenir des impositions extraordinaires et locales.

Ainsi, citoyens, en se renfermant dans le texte de la loi du 9 germinal, il est vrai de dire que les sous additionnels destinés à l'acquit pes dépenses municipales et communales dans un canton, appartiennent à ce canton exclusivement; et qu'après avoir rempli le trésor public des avances qu'il a reçues, il a le droit de jouir du surplus de ses centimes additionnels. Chaque canton ne doit rembourser que les avances qui lui ont été faites; et si quelques cantons ne peuvent couvrir les leurs avec leurs centimes additionnels de l'an 5, ils doivent parfaire ce remboursement avec leurs centimes additionnels de l'an 6.

Il importe, citoyens, que vous donniez connoissance de cette décision au receveur-général, en lui recommandant d'en instruire ses préposés; elle suffira, sans doute, pour lever leurs doutes et faire cesser les difficultés que le remplacement des avances faites pour les dépenses des administrations municipales de canton a pu occasionner.

Le 12 brumaire an 7.

Le Ministre des Finances, aux commissaires du Directoire exécutif, agens généraux des contributions du département d'Ile et Vilaine.

J'ai sous les yeux, citoyens, votre lettre du 27 du mois dernier: la question qu'elle présente, consiste à savoir si lorsqu'un percepteur a été volé des deniers de sa caisse, et qu'il a obtenu un sursis pour leur remplacement, les préposés doivent, sur leurs bordereaux décadaires, porter le montant des sommes volées dans la colonne des recouvremens faits, ou dans celles des restes à recouvrer.

Du moment, citoyens, que le versement des sommes dont il s'agit, n'a pas été fait au trésor public, il est incontestable qu'elles doivent être comprises dans la colonne des restes à recouvrer. Il est au surplus indispensable d'attendre, à l'égard des percepteurs qui se trouvent dans ce cas, le résultat de la détermination qui sera prise pour l'apurement de leur comptabilité : cet objet est soumis au corps législatif.

Le 2 vendémiaire an 7.

Le Ministre des Finances, aux administrateurs du Département de la Somme.

J'ai sous les yeux, citoyens, une lettre qui m'a été adressée par le commissaire du Directoire exécutif près votre département.

La question qu'elle présente consiste à savoir si les contraintes décernées par les préposés aux recettes, ne doivent être soumises qu'au *visa* de la municipalité près laquelle les préposés résident, ou si chaque administration municipale a le droit de viser celles qui concernent son arrondissement.

Les directoires de district, citoyens, étoient autrefois chargés de viser les contraintes décernées dans leur arrondissement.

La loi du 21 fructidor an 4, relative à l'organisation des administrations municipales de canton, leur a délégué les attributions des directoires de district.

Il est dès-lors incontestable que chaque administration municipale, exerçant dans son ressort les fonctions du directoire du district dont elle se partage la consistance, elle a le droit de viser les contraintes décernées contre les percepteurs ou les contribuables de son arrondissement.

Ce *visa* ne peut entraîner aucun retard pour le recouvrement : rien n'empêche le porteur de contraintes, en se transportant dans la commune où sa présence est nécessaire, de se rendre au chef-lieu du canton, et de faire viser les contraintes qu'il est chargé de mettre à exécution. C'est à lui à prendre toutes ses précautions pour remplir avec exactitude les fonctions qui lui sont prescrites.

D'ailleurs, chaque administration municipale, responsable du recouvrement, est intéressée à en suivre la marche et les progrès; elle est à portée de juger si les contraintes sont appliquées avec discernement; elle connoît les communes de son ressort qui ont le plus besoin d'être stimulées. Mieux éclairée sur les causes du retard que le recouvrement éprouve, elle peut indiquer plus sûrement les moyens de les faire cesser.

Ainsi, citoyens, l'intérêt même du recouvrement, la responsabilité qui pèse sur les administrations municipales, l'obligation où elles sont d'activer la rentrée des contributions, et la prudence qui doit diriger les mesures de rigueur prescrites par la loi, sont autant de considérations d'où résulte la nécessité de laisser à chaque administration municipale le droit de viser les contraintes décernées contre les contribuables de son arrondissement.

Décision concernant la contribution foncière due par les droits de peage.

Le fermier d'un bac doit-il la contribution foncière à raison des droits de péage qu'il retire de ce bac ?

Il est incontestable que les droits de péage sont soumis à la contribution foncière à raison de leur revenu net ; la loi du 25 février 1791 ne laisse à cet égard aucun doute : cette loi n'a pas été abrogée, elle doit continuer d'avoir son exécution.

Ainsi le propriétaire d'un bac en doit payer la contribution foncière, soit qu'il en perçoive les revenus par lui-même, soit qu'il les afferme.

Si le fermier est chargé par le bail de payer l'impôt, c'est une convention particulière qui ne peut changer rien aux principes, et qui n'en rend pas moins le propriétaire personnellement responsable de l'impôt.

(Lettre au département du Morbihan, du 2 brumaire an 7).

Décision sur la question de savoir si un commissaire du directoire exécutif, agent particulier, contribuable direct, peut être en même tems caution d'un percepteur.

Si un commissaire agent particulier peut être en même-tems caution d'un percepteur ?

Quoiqu'aucune loi n'établisse cette incompatibilité d'une manière positive, elle dérive néanmoins de la nature même des fonctions qui sont confiées au commissaire agent particulier des contributions directes.

La loi relative à l'agence leur délègue un droit de surveillance qui s'étend sur les percepteurs, et ne sauroit être même trop active. Ils vérifient leurs caisses, ils s'assurent de l'exactitude de leurs versemens, et ils dénoncent les abus et les infidélités dont ils peuvent se rendre coupables. En cas de faillite, ils sont tenus de requérir l'exécution des mesures sévères prescrites par la loi tant contre les percepteurs que contre leurs cautions.

Il y auroit sous ces différens rapports beaucoup d'inconvéniens à permettre qu'un commissaire agent particulier contractât, vis-à-vis d'un percepteur dont il est chargé de surveiller immédiatement la gestion, un engagement qui ne se concilie nullement avec le caractère dont il est revêtu, et la liberté d'opinion dont il a besoin pour remplir les devoirs de sa place avec toute l'exactitude et l'impartialité qu'elle exige.

Le 17 vendémiaire, an 7.

Le Ministre des Finances, aux administrateurs du département du Pas-de-Calais.

L'article XI, citoyens, de la loi du 17 brumaire an 6, porte que les agens municipaux ou les commissaires du directoire exécutif près les administrations municipales de canton, vérifieront au moins une fois par décade les recettes et les versemens faits par les percepteurs.

Le commissaire agent général des contributions de votre département, me demande d'être autorisé à exiger des percepteurs qu'ils se transportent chez les commissaires agens particuliers pour y faire la vérification de leurs recettes.

La loi, citoyens, n'impose point aux percepteurs l'obligation de se placer; il en résulteroit, d'ailleurs, pour le recouvrement, des inconvéniens très-sensibles.

Les percepteurs, forcés de s'absenter et de se saisir souvent de leurs rôles, ne pourroient recevoir les contribuables qui se rendent chez eux à chaque instant ; la rentrée des contributions ne s'opéreroit qu'avec lenteur. D'ailleurs, le but de la loi qui a été d'inspirer aux percepteurs la crainte d'une vérification inattendue, ne seroit point rempli. Prévenu par l'injonction qui leur seroit faite d'apporter leurs rôles en vérification, ils auroient tout le tems de parer aux erreurs volontaires et aux fraudes qu'ils auroient pu commettre.

Je sens qu'il est souvent impossible au commissaire agent particulier de se transporter successivement chez chaque percepteur, mais il peut en ce cas se faire suppléer. Plus rapprochés des percepteurs, les agens municipaux peuvent plus aisément en vérifier les caisses. Ils le doivent même, puisque, d'après la loi, ils partagent cette obligation avec les commissaires agens particuliers ; ils sont d'ailleurs personnellement d'autant plus intéressés à s'assurer de l'exactitude et de la fidélité des percepteurs, qu'ils sont, en cas de faillite ou d'insolvabilité de leur part, responsables du déficit, s'ils ne justifient point qu'ils aient fait toutes les vérifications prescrites par la loi.

Je donne, citoyens, connoissance de cette lettre au commissaire du directoire agent général de votre département.

Décision sur la question de savoir par qui doivent être supportés les frais de poursuites décernées contre les contribuables dont l'insolvalité, la mort ou l'absence sont constatés.

Par qui doivent être supportés les frais de poursuites décernés contre les contribuables dont l'insolvabilité, la mort ou l'absence sont constatées.

Ces frais ne peuvent, en aucun cas, être à la charge du trésor public. Lorsque le contribuable contre qui une contrainte aura été décernée est notoirement insolvable, lorsque sa mort ou son absence aura été légalement constatée, les frais auxquels la contrainte aura donné lieu, devront être supportés par les communes, et feront partie de ses charges locales.

(Lettre du Ministre des Finances, au département du Pas-de-Calais, du 6 brumaire, an 7.)

Décision sur la question de savoir quels sont les actes relatifs aux contributions, qui doivent être soumis au timbre et à l'enregistrement.

Quels sont les actes relatifs à la perception des contributions, qui doivent être soumis à la formalité du timbre et de l'enregistrement ?

Tout ce qui est antérieur aux mesures à prendre pour procéder aux saisies de ventes ; savoir, les premier et second avertissemens. Le procès-verbal même d'établissement de garnisaire, qui devra être motivé sur le défaut d'avoir satisfait aux dénonciations, et ne contenir aucun commandement de payer, devront être faits sur papier libre, par simple voie d'administration.

Mais si dans un délai donné, le contribuable ne s'est point mis en règle, là commenceront les poursuites judiciaires, et tous les actes qui précéderont, accompagneront et suivront. Les ventes seront assujetties au timbre et à l'enregistrement.

Au surplus, les quittances expédiées pour les contributions directes, et les extraits de rôles délivrés par les municipalités ou les percepteurs, pour être joints aux demandes en dégrèvement, ne doivent pas être assujetties au droit de timbre.

(Lettre du Ministre des Finances, au département du Calvados, du 27 pluviôse an 6.)

Décision sur la manière de couvrir les percepteurs des avances qu'ils ont faites sur les deniers provenans de leur recette, pour paiement de secours aux parens des défenseurs de la patrie.

Comment couvrira-t-on les percepteurs des contributions des avances qu'ils ont faites en assignats, pour paiement de secours aux parens des défenseurs de la patrie.

Par une circulaire, en date du 11 pluviôse dernier, les commissaires de la trésorerie nationale ont chargé les payeurs des départemens, de de leur fournir un état exact et détaillé de tous les paiemens effectués par eux ou leurs préposés, sans avoir reçu préalablement leur autorisation spéciale. Cet état devant leur présenter dans un même cadre la quotité, la nature, l'objet et l'époque des paiemens irréguliers acquittés dans chaque département, il est indispensable que les percepteurs des cantons qui se trouvent à découvert par suite des paiemens ci-dessus mentionnés, en remettent l'état au payeur-général de leur département, qui fera figurer ces dépenses dans l'état général qu'il doit adresser aux commissaires de la trésorerie, conformément à leur instruction du 11 pluviôse.

Cet état servira à ces commissaires à demander aux divers ministres, le remplacement des sommes qui ont été payées irrégulièrement, et les payeurs seront alors à portée de couvrir définitivement lesdits percepteurs par leurs récipissés comptables, quand les ministres auront ordonnancé les sommes qui restent à remplir.

(Lettre des commissaires de la trésorerie nationale au Ministre des Finances, du 4 germinal, an 6.)

Loi relative au paiement des Rentes et Pensions, du 28 vendémiaire.

Le conseil des anciens, considérant que le paiement des arrérages des rentes et pensions est une des dettes les plus sacrées de l'état;

Considérant que les besoins du service ont, jusqu'à ce moment, absorbé les rentrées des contributions;

Considérant enfin que le dénuement où sont restés les créanciers de l'état depuis trop long-temps, exige, de la part des représentans de la nation, la plus grande célérité dans les mesures qui peuvent leur donner quelque adoucissement, approuve l'acte d'urgence.

Suit la teneur de la Déclaration d'urgence et de la Résolution du 27 fructidor.

Le conseil des cinq-cents, après avoir entendu le rapport de sa commission des finances; considérant que le paiement des arrérages

des rentes et pensions est une des dettes les plus sacrées de l'état;
Considérant que les besoins du service ont, jusqu'à ce moment, absorbé les rentrées des contributions;

Considérant que jusqu'à ce que le rétablissement de l'ordre dans les finances permette de payer les créanciers de l'état en écus aux échéances fixées par la loi, des délégations sur les contributions directes sont une garantie qui équivaut à un paiement en numéraire.

Considérant enfin que le dénuement où sont restés les créanciers de l'état depuis trop long-temps, exige, de la part des réprésentans de la nation, la plus grande célérité dans les mesures qui peuvent leur donner quelque adoucissement,

Déclare qu'il y a urgence.

Le conseil, après avoir déclaré l'urgence, prend la résolution suivante :

Art. Ier Le paiement du second semestre de l'an 6 sera ouvert le 1er. vendémiaire de l'an 7.

II. Les intérêts de la dette publique, à compter de l'époque ci-dessus désignée, seront acquittés avec des bons au porteur, ou délégations, applicables tant aux contributions directes qu'aux patentes, quel qu'en soit le porteur. Sont exceptés toutefois les sous additionnels applicables aux dépenses administratives.

III. Lesdits créanciers seront tenus de présenter à la trésorerie la quittance de leurs impositions tant foncière que mobilière, ou l'*avertissement* de payer, ou un extrait des rôles délivré par le percepteur des contributions. Dans ces deux derniers cas, la trésorerie fera, sur les arrérages de rentes ou de pensions à eux dûs, une retenue égale à la somme totale de leurs contributions, et ne leur délivrera des bons que pour l'excédant ou le surplus.

IV. Ces bons seront numérotés par *un*, *deux*, *trois*, etc. pour chaque semestre, et en porteront la désignation, ainsi que le nom de la partie prenante. L'état des paiemens de chaque décade, avec l'indication des numéros par premier et dernier, sera adressé au corps législatif, et inscrit au bulletin des lois.

V. Tout contrefacteur de ces bons sera puni comme faux-monnoyeur.

VI. La présente résolution sera imprimée.

Signé DAUNOU, *président*; L. BONAPARTE, GIROT, *secrétaires.*

Après une seconde lecture, le conseil des anciens APPROUVE la résolution ci-dessus. Le 28 vendémiaire, an 7 de la République française.

Signé B. M. DECOMBEROUSSE, *président*; LENOIR-LAROCHE, CORNET, MONTMAYOU, DUBUISSON, *secrétaires.*

Extrait d'une lettre écrite au département de la Seine, sur les valeurs admissibles en paiement de l'a-compte provisoire de l'an 7.

Plusieurs contribuables, citoyen, se sont déjà présentés chez les percepteurs, et ont voulu se libérer de l'à-compte dont il s'agit en bons d'arrérages de la dette publique que délivre actuellement la trésorerie nationale pour le dernier semestre de l'an 5, et le premier semestre de l'an 6.

Les percepteurs ont fait refus de recevoir ces bons, et vous desirez savoir ce qui doit être fait définitivement à cet égard.

Le refus qu'ont fait les percepteurs est fondé.

Les bons d'arrérages de la dette publique que délivre actuellement la trésorerie nationale pour le dernier semestre de l'an 5, et le premier semestre de l'an 6, sont admissibles seulement en paiement des contributions directes antérieures à l'an 7, en faveur des citoyens au nom desquels ils ont été délivrés, et qui ont des contributions à acquitter.

La nouvelle loi qui vient d'être rendue, a fait plus : elle a voulu que les bons qui seroient délivrés pour le dernier semestre de l'an 6, puissent être négociés, et que tout porteur de ces bons pût les faire admettre en paiement de ses contributions foncière et personnelle, et de sa patente de l'an 7; mais elle a voulu, en même-temps, qu'ils ne puissent être donnés en paiement que des contributions directes et patentes de l'an 7, et qu'aucun autre signe fictif quelconque ne pût servir à les acquitter.

Titres des Lois, Arrêtés, Circulaires, Rapports, Décisions concernant les Contributions directes.

www.ingramcontent.com/pod-product-compliance
Ingram Content Group UK Ltd.
Pitfield, Milton Keynes, MK11 3LW, UK
UKHW020935180726
13838UKWH00002B/962